吉林省教育科学"十三五"规划课题《协同育人视角下应用型本科高校服务吉林经济社会发展战略研究》（课题批准号ZD20053）

思想政治教育研究文库

—

应用型高校社会服务能力分析

王昆　张纯荣　高雪　著

光明日报出版社

图书在版编目（CIP）数据

应用型高校社会服务能力分析 / 王昆，张纯荣，高雪著. -- 北京：光明日报出版社，2025.1. -- ISBN 978-7-5194-8490-3

Ⅰ.G647

中国国家版本馆 CIP 数据核字第 2025YM3319 号

应用型高校社会服务能力分析
YINGYONGXING GAOXIAO SHEHUI FUWU NENGLI FENXI

著　　者：王　昆　张纯荣　高雪	
责任编辑：李壬杰	责任校对：李　倩　李海慧
封面设计：中联华文	责任印制：曹　净

出版发行：光明日报出版社

地　　址：北京市西城区永安路 106 号，100050

电　　话：010-63169890（咨询），010-63131930（邮购）

传　　真：010-63131930

网　　址：http://book.gmw.cn

E – mail：gmrbcbs@gmw.cn

法律顾问：北京市兰台律师事务所龚柳方律师

印　　刷：三河市华东印刷有限公司

装　　订：三河市华东印刷有限公司

本书如有破损、缺页、装订错误，请与本社联系调换，电话：010-63131930

开　　本：170mm×240mm	
字　　数：150 千字	印　　张：15.5
版　　次：2025 年 1 月第 1 版	印　　次：2025 年 1 月第 1 次印刷
书　　号：ISBN 978-7-5194-8490-3	

定　　价：95.00 元

版权所有　　翻印必究

前　言

　　2013年以来，为了改善高等教育状况、提振国家的创造力、加快实现产业的可持续发展、满足人民群众的需求，政府积极采取措施，鼓励一些地区的普通本科院校走上转型发展的道路，以争取在未来的市场竞争中占据一席之地。2014年国务院发布的《关于加快发展现代职业教育的决定》和2015年教育部、国家发展改革委、财政部联合发布的《关于引导部分地方普通本科高校向应用型转变的指导意见》等文件指出，推动部分地方普通本科高校转型发展，以适应新常态下经济结构调整和产业升级的人才需求。在此背景下，应用型高校应牢牢抓住属地政府产业结构转型升级的时代发展脉络，通过应用型转型的契机，实现自身办学的差异化发展，密切与属地政府的联系与合作，大力推进合作办学、育人新模式，办服务于社会、经济和人民的高等教育，为社会经济发展做出应有的贡献。基于此，本书对应用型高校社会服务能力进行研究。

本书分为以下七个章节：

第一章为绪论。主要介绍了研究背景及意义、研究思路与研究方法、国内外研究现状。

第二章为应用型高校社会服务的理论基础与时代使命。首先界定了应用型高校的相关概念及其特征，其次探寻了应用型高校社会服务的理论支撑，最后分析了应用型高校社会服务的时代使命。

第三章为应用型高校社会服务的动力机制分析。应用型高校推进社会服务，实质上是一场牵涉多方利益相关主体的跨系统合作，其效果取决于外部主体（应用型高校外部的行业、企业和政府）和内部主体（应用型高校内部的学校人员、教师和学生）的社会服务动力。本章首先分析了高校社会服务动力机制的构成要素，然后分别从外部动力机制和内部动力机制两方面进行了深入分析。

第四章为应用型高校社会服务的现状及问题研究。本章采用实证分析的方法，对从应用型高校社会服务的资源现状、教师队伍现状、制度动力现状三方面进行了分析，并归纳总结出应用型高校社会服务整体存在的困境，分析其产生的原因。

第五章为高校社会服务的典型模式与经验借鉴。首先从国外（美国、英国、日本）地方高校社会服务职能的背景入手，针对国外地方高校社会服务职能发展的典型模式与现状进行了较为详细的介绍和分析，其次分析当前我国高校社会服务的现状与典型模型，并总结出国外地方高校社会服务发展对我国的启示。

第六章为应用型高校社会服务优化路径。在以上几个章节的基础上，结合实际存在的问题，提出关于我国地方高校社会服务的对策和建议：创新应用型高校社会服务管理制度，优化协同创新平台，优化应用型人才培养方案，加强校园文化建设，健全高校社区服务机制。

第七章为长春光华学院电商服务地区经济社会发展探索。以长春光华学院电子商务专业为案例，指出长春光华学院通过电子商务专业进一步彰显为地方社会服务的功能，为地方社会的发展做出了贡献。

目 录
CONTENTS

第一章 绪 论 ……………………………………… 1
  第一节 研究背景及意义 ……………………………… 1
  第二节 研究思路与研究方法 ………………………… 7
  第三节 国内外研究评述 ……………………………… 9

第二章 应用型高校社会服务的理论基础与时代使命 ……… 26
  第一节 应用型高校的相关概念及其特征 …………… 26
  第二节 应用型高校社会服务的理论支撑 …………… 33
  第三节 应用型高校社会服务的时代使命 …………… 65

第三章 应用型高校社会服务的动力机制分析 …………… 82
  第一节 应用型高校社会服务动力机制构成要素分析 … 82
  第二节 应用型高校社会服务的外部动力机制分析 …… 88

第三节 应用型高校社会服务的内部动力机制分析 …… 97

第四章 应用型高校社会服务的现状及问题分析 …… **104**
第一节 应用型高校社会服务资源现状及问题 …… 104
第二节 应用型高校社会服务师资队伍现状及问题 …… 113
第三节 应用型高校社会服务制度动力现状及问题 …… 116
第四节 应用型高校社会服务的困境及原因分析 …… 139

第五章 高校社会服务的典型模式与经验借鉴 …… **146**
第一节 国外高校社会服务典型模式 …… 146
第二节 国内高校社会服务典型模式 …… 171
第三节 典型高校社会服务模式的比较分析与启示 …… 175

第六章 应用型高校社会服务优化路径 …… **181**
第一节 创新应用型高校社会服务多元动力机制 …… 181
第二节 优化协同创新平台 …… 189
第三节 优化应用型人才培养体系 …… 194
第四节 加强校园文化建设 …… 201
第五节 健全高校社区服务机制 …… 205

第七章 长春光华学院电商服务地区经济社会发展探索 …… **209**
第一节 推进传统"商科"教育向"电商"教育转变 …… 210

第二节 推进"校企合作"向"产教融合"转变 ………… 212

第三节 推进服务方式由被动响应向主动融入转变 …… 215

第四节 推进学科建设由学术吸收向知识溢出转变 …… 218

参考文献 …………………………………………………… 222

第一章

绪 论

第一节 研究背景及意义

随着知识经济时代的到来和社会的不断发展,高校作为社会的"动力站",为社会提供人力资源、智力资源以及技术支持,在社会经济发展中日益发挥出重要作用。社会服务作为高校彰显价值的重要途径之一,与教学、科研、文化传承并称高校的四大职能,日益得到学术界和社会大众的普遍认可。

一、研究背景

(一) 新时期高校社会服务属性日益凸显

当前伴随工业化、信息化的深度融合,高等教育对国家经济社会发展的影响越发紧密。习近平总书记在全国教育大会上发表重要讲话，从党和国家事业发展全局出发，高度评价教育对于国家富强、民族振兴、社会进步、人民幸福的重要性，充分肯定教育所具有的基础性、先导性、全局性地位和作用，深入分析新时代新形势对教育提出的新的更高要求，对于做好当前和今后一个时期教育工作，动员全党全国全社会为加快推进教育现代化、建设教育强国、办好人民满意的教育而努力，具有重大现实意义和深远历史意义。《国家中长期教育改革和发展规划纲要（2010—2020年）》明确提出，高等学校要增强社会服务能力。"高校要牢固树立主动为社会服务的意识，全方位开展服务。推进产学研用结合，加快科技成果转化，规范校办产业发展。为社会成员提供继续教育服务。开展科学普及工作，提高公众科学素质和人文素质。积极推进文化传播，弘扬优秀传统文化，发展先进文化。积极参与决策咨询，主动开展前瞻性、对策性研究，充分发挥智囊团、思想库作用。"高等教育和国家发展的愿景紧紧联系在一起，你中有我、我中有你，其社会属性日益凸显。

（二）建强应用型高校具有深刻的时代价值

引导部分地方本科高校向应用型转变是党的十八大以来党中央、国务院的重大决策部署。2015年教育部等三部委发布《关于引导部分地方普通本科高校向应用型转变的指导意见》；2017年教育部发布关于"十三五"时期高等学校设置工作的意见，明确提出应用型高校与研究型高校、职业技能型高校并列我国高等教育三大类型；2021年《中华人民共和国国民经济和社会发展第十四个五年规划和2035年远景目标纲要》再次强调"推进部分普通本科高校向应用型转变"；2024年年初，政府工作报告强调要"建强应用型本科高校"，这是大力推进现代化产业体系建设、加快发展新质生产力的时代背景下的新要求。

（三）提升应用型高校社会服务能力意义深远

提升应用型高校的社会服务能力，是加强应用型本科高校建设必然要求。应用型高等学校社会服务的意义可以从对国家社会的意义和对学校自身的意义两个层面去认识。

1. 促进国家建设和社会发展

当今世界，各国正在进行一场激烈的经济、军事和综合实力的竞争，其中最重要的因素是知识的创新、科技的进步以及拥有更多的高素质人才。中国要想在世界民族之林中立足，必须依靠人力资源的开发、知识的生产、科学的创新、技术的改进。作为人才与知识集中的高等学校，对国家竞争拥有义不容辞的责任。

发展新质生产力，急需大批高素质的应用型、创新型和复合型人才，这与应用型高校的人才培养目标是一致的。应用型高校培养的人才是创造新技术、推动科技成果转化、探索新产业、激发新动能的主力军，是科技创新和促进经济社会发展的主要力量。

应用性、地方性、开放性是应用型大学的核心定位与办学特质，提升应用型高校的社会服务能力能够有助于支撑高质量高等教育体系，增强其服务国家、地方的支撑力与贡献度，培养面向区域经济社会发展需求、适应新质生产力发展的急需人才，更好地应对社会的职业变动与变化。

2. 促进应用型高校自身发展

我国从19世纪末20世纪初，高校服务地方经济社会发展开始逐渐受到重视，高校的社会服务能力成为其提升知名度、获得社会认可的重要因素。随着我国应用型高校的发展，其社会服务意识和理念、服务方式和手段以及服务范围和能力也日益成熟，应用型高校开始更多地拓展社会服务领域，发挥其应用型特色，运用高校现有资源为企业等相关组织提供咨询、技术服务等，作为知识创新与传播的重要执行者，应用型高校需要率先走出象牙塔，向社会经济与文化的中心地带靠拢，在社会日新月异的发展建设中扮演不可或缺的角色。

二、研究意义

（一）理论层面

本研究依托地区经济社会发展的客观要求及应用型高校的生存和发展的需要，系统梳理应用型高校服务地方经济社会发展的现状、内容、特点以及困境，并根据存在问题的成因分析，从协同创新的视角，为应用型高校服务地方经济社会发展提出合理有效的对策，同时也为促进地方政府完善应用型高校服务地方社会的政策，为地方企业认识到校企合作的重要性，为应用型高校服务地方经济社会提供一个良好、宽松的外围环境提供参考。对应用型高校服务地方经济社会发展进行研究，是对高校服务地方经济社会理论做出的补充；在协同创新视角下，构建"地方政府、企业、院校"三者之间有效互动的应用型高校服务经济社会的结构体系，不仅为高校分类建设发展指明了方向，更为应用型高校服务地方经济社会发展提供有力的理论依据。

（二）应用层面

第一，通过深入探索应用型高校社会服务情况，可以更好地了解并改进应用型高校的社会服务能力，并且可以据此制订出更加科学合理的评估指标体系，以此为引导应用型高校社会服务的发展方向提供依据，对应用型高校社会服务评价指标体系构建的探索与尝试将为应用型高校社会服务开展提供一个全面的视角，也为深入探索高校的社会服务功能提供有力的依据，具有较强的现实意义。

第二，应用型高校社会服务职能的绩效评价能够鼓励更多的师生加入社会服务的队伍当中，加深大众对应用型高校社会性的认识，有利于形成有效的正向激励，通过整个动态的评价过程，发现应用型高校自身的不足，并制订与之相适应的发展计划，提高应用型高校社会服务的能力。

第三，有利于实现应用型高校与区域发展的双赢。目前我国应用型高校未能发挥出应有的社会服务职能，其主要原因还是应用型高校未能积极融入市场并适应社会发展要求。因此，如何更好地实现与社会发展的共赢，是应用型高校社会服务的核心问题。社会服务的本质是通过深入开展校企合作、产学研一体化、社区服务活动等方式，展现应用型高校的社会性、服务性的一面，充分发挥人力资本潜能，投入社会建设当中，为推动当地经济发展做出应有贡献。本研究期望在实践层面上，通过对评价指标的衡量和确定，使评价指标体系贯穿于应用型高校的教学、科研以及社会服务中，深化应用型高校和区域发展的双赢关系，为应用型高校的长足发展做出贡献，并对我国应用型高校改进社会服务相关策略提供参考和借鉴。

第四，为社会全面了解应用型高校的办学实力与水平提供了一个新途径，有利于增进社会与应用型高校的联系，在更加开放平等的环境中实现资源信息的交流与共享，以实现利益相关者对应用型高校办学的监督。当前深化高等教育领域综合改革的根本指向也是提升高校服务经济社会发展的能力，本研究积极地将应用型高校办学实力与水平的提升引导到社会需求上来，这一点与国家举办高等教育的根本目的和当前改革的方向是一致的；回归应用型高校自身，社会服务能力的评价可帮助应用型高校明确自身社会服务的能力水平，不盲目承担超越能力范围之外的服务活动。应用型高校开展基于自身能力有特色的社会服务，不仅是对应用型高校社会服务体系的优化，更是实现高等教育多样化发展的有效途径。

第二节 研究思路与研究方法

一、研究思路

通过结合管理、教育、统计等多个领域的专业知识，从应用型高校社会服务的动力与利益机制的角度出发，基于我国应用型高校社会服务能力现状，分析国内应用型高校社会服务遇到的困境及存在的原因，在此基础上分析，并对比国内外应用型高校社会服务的经典模式，提出我国应用型高校社会服务优化路径，旨在提高应用型高校社会服务意识，规范社会服务活动体系，以统一的标准对高校的社会服务职能的发挥进行评价和比较，为我国应用型高校自身发展提供参考，为高校推动地区经济的全面发展提供依据。本书拟开展研究工作所遵循的基本框架如图1-1所示。

二、研究方法

本研究采用的研究方法主要有二。

（1）文献调研法：针对研究问题，对国内外相关文献进行

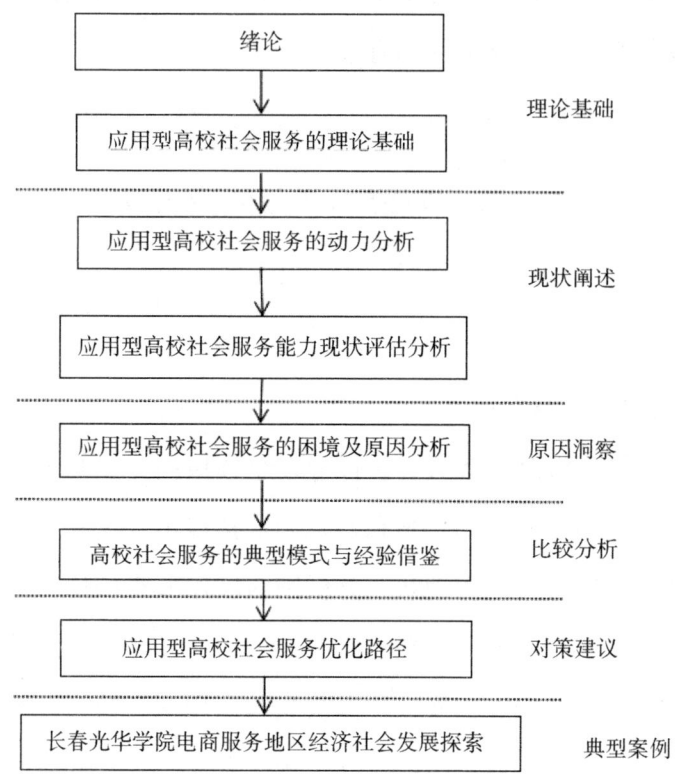

图 1-1 本书的研究框架

检索、总结归纳，并对文献分类，方便后续研究使用。经过系统的文献调研，获得了大量的信息，包括最新的数据，并对其进行了深入的分析和整理。这些信息为我们提供了一个完整的绩效评价体系，使我们对我国应用型高校的社会服务职能有了更全面、更深入的了解。

（2）比较研究法：比较研究法可以帮助我们了解各种研究

成果之间的差别，为我们更好地运用这些差别提供参考。高校社会服务职能的研究本质上是对共性问题的研究，通过把中外高校社会服务职能实现的方法、效果等方面加以对比，对绩效管理在企业和高校不同组织形式中的应用进行比较，并有效地指导绩效管理在教育领域的实践活动。

第三节 国内外研究评述

关于应用型高校社会服务的研究在近几年颇受关注，并取得了丰硕的研究成果。本节将从国外研究现状和国内研究现状两方面进行文献综述。

一、国外研究现状

在过去的几十年里，许多海外学者都在致力于探索和深入探讨大学的社会服务。他们通过定量研究方法来探讨大学的社会服务，并从不同角度来考察社会服务的不同领域。例如，Margaret 和 Michael[1]、Soekisno Hadikoemoro[2] 以及 Carrie Leuge-

---

[1] SHERRADEN M S, SHERRADEN M. Social service by university students in Mexico: Thoughts for the United States [J]. Children and Youth Services Review, 1991 (3): 145-170.

[2] HADIKOEMORO S. A comparison of public and private university students expectations and perceptions of service quality in Jakarta, Indonesia [D]. Florida: Nova Southeastern University, 2002.

nia Ham[1]都在探讨大学生社会服务的内涵、特征、评估机构和重要程度。奥尔特加·加塞特（Ortega Y. Gasset）[2] 通过分析欧洲大学社会服务实践不足，提出了一种改进社会服务能力的方案；德里克·博克（Derek Bok）[3] 则深入探讨了大学在科学技术研发、社会问题解决以及非教学和研究等领域的重要作用，并阐明了社会服务的重要性。

希拉·斯劳特（Sheila Slaughter）和拉里·莱斯利（Lary L. Leslie）的"学术资本主义"指出，随着全球化和知识经济的发展，高等教育与市场经济相结合逐渐成为一种趋势，大学及其教学科研人员为了获取内外部各种形式的资源，开展了具有市场行为的学术活动。澳大利亚、英国、加拿大以及美国的大学、研究所以及其他相关的组织，都开展着各种以获得更多利益的市场性或者类似的服务，比如咨询服务。许多研究都探讨了大学的重要性，以及它如何促进当前、未来、可持续的经济、政治、文化、社会等多个层面的发展。这些研究基于大学的公共利益意识，强调大学应该以更高的标准、更加积极的态度，将更多的资源投入社会建设，以提高人民的生活水平，促

---

[1] HAM C L, JOHNSON W, WEINSTEIN A, et al. Gaining Competitive Advantages: Analyzing the Gap between Expectations and Perceptions of Service Quality [J]. International Journal of Value-Based Management, 2003, 16: 197-203.
[2] 加塞特. 大学的使命 [M]. 徐小洲, 陈军, 译. 杭州：浙江教育出版社, 2001.
[3] 博克. 走出象牙塔：现代大学的社会责任 [M]. 徐小洲, 陈军, 译. 杭州：浙江教育出版社, 2001.

进经济、文化、政治、法律等多个层面的进步。①

Winter等人指出，澳大利亚的高等教育社区参与可以从九方面来考量：人才培养、课程设置、管理制度、科学研究、对外关系、社会文化传承、校企合作、学生社会实践、校园文化。② 根据罗素大学集团的研究，英国的大学应当积极采取措施，将自身的核心需求转化为有效的服务，从而实现大学对社会的有效响应，同时为了实现双赢，大学也有责任为此提供支持。③

Bernardo及其团队提出，许多国家，包括美国、英国、加拿大、澳大利亚，开始探索并研究有助于促进社会参与的相关议题。此外，许多国家的大学也纷纷加入此项研究的行列，以此获得更多的资助，以支持其研究。在当今的全球视野下，对高校第三使命——社会服务的理解已不再局限于传统的观点，它涉及建立起跨越多个利益攸关方的复杂的经济、政治、社会及文化联盟，以及促进大学与周边环境的交流。④ 但是，这种

---

① 斯劳特，莱斯利. 学术资本主义 [M]. 梁骁，黎丽，译. 北京：北京大学出版社，2008.

② WINTER A, WISEMAN J, MUIRHEAD B, et al. University-community engagement in Australia: practice, policy and public good [J]. Education Citizenship and Social Justice, 2006, 1 (1): 211-230.

③ Russell Group of Universities. Higher education community engagement model: Final report and analysis [R]. London: The Corporate Citizenship Company, 2004.

④ BERNARDO M A C, BUTCHER J, HOWARD P. An international comparison of community engagement in higher education [J]. International Journal of Educational Development, 2012, 32 (1): 187-192.

第三使命的理解也存在着两种不同的模型：一种是以社会为核心，另一种则是以大学—社区的交流为基础。

当前，许多研究聚焦于探讨高校如何扮演社会领导者，并将重点放在如何促进知识生产、传递与流通。根据这一理论框架，高校有四项重要任务：研究、实践、推动创造性思维、促进国家经济与工业发展。

Abbott[①]以及Johan De Jager和Gbolahan Gbadamosi[②]利用数据包网络分析技术，深入探究了澳大利亚36所大学的社会服务效率，以及南非两所大学391名学生的行为，有助于我们更好地理解影响社会服务质量的各种因素。研究发现，大学的管理水平、服务质量、学生的信任度等因素对于提供优质的高等教育具有重要影响。

James H. Lampley[③]尝试使用服务质量衡量方法来评估印尼和美国两个国家的大学的学术服务质量。Alexandra Medina-Borja和Konstantinos Triantis利用DEA技术，以有效筹资提升学术服务质量，为外地办事处网络的社会服务组织提供了可持

---

① ABBOTT M, DOUCOVLIAGOS C. The efficiency of Australian universities: a data envelopment analysis [J]. Economics of Education Review, 2003, 22 (1): 89-97.
② DEJAGER J, GBADAMOSI G. Specific remedy for specific problem: measuring service quality in South African higher education [J]. Higher Education, 2010, 60: 251-267.
③ LAMPLEY J H. Service quality in higher education: expectations versus experiences of doctoral students at state-supported universities tennessee [D]. Johnson City: East Tennessee State University, 1999.

续发展的机会，同时也为其在复杂的筹资环境中及时发现和解决管理和运营问题提供了有效的指导。①

Bojana Ćulum、Marko Turk、Jasminka Ledic 通过对德国、克罗地亚和爱尔兰三国学者的访谈，发现他们在参与社区互动时涉及了多个领域，包括社区服务学习、外展活动、志愿服务和公益活动，以及由大学、学院或系统组织的活动、政治参与等。不同国家对社区参与的评估方式各有差异：爱尔兰采取了正规的评估机制，德国则采取了非正规的方式。这种差异可以归因于各国的高等教育体系和社会环境的差异。②

Maria Eliophotou Menon 深入探究了希腊大学毕业生的观点，他们发现，实践应用能力可能会成为衡量一所大学的教学水平的重要参考，从而影响学校的整体发展。研究发现，不同的高校课程会对人们的工作能力产生不同的影响。该研究也探讨了一系列可能阻碍人们提升工作能力的因素，并尝试找到一种解决问题的办法。该研究还针对希腊 40 位大学毕业生进行

---

① MEDINA-BORJA A, TRIANTIS K. Modeling social services performance: a four-stage DEA approach to evaluate fundraising efficiency, capacity building, service quality, and effectiveness in the nonprofit sector [J]. Annals of Operations Research, 2014, 221: 285-307.

② ĆULUM B, TURK M, LEDIĆ J. Academics and Community Engagement: Comparative Perspective from Three European Countries [M]//FUMASOLI T, GOASTELLC G, KEHM B. Academic Work and Profession in Internatronal Comperative Perspectire, vol. 12, Switzerland: Springer Cham, 2015: 133-150.

深入采访，发现他们都表示接受高校课程能够显著提升工作能力。①

Bonollo E 和 Mara Zuccardi Merli 对意大利公立大学 2011—2014 年发表的绩效报表及其相关的高校政策进行了深度研究，并将其归纳为以下几个重要的绩效指标：产出、定量与定性的有效性、成就、效率、费用/成本以及收益。研究通过分析高校针对校园内的技术、后勤、管理、协调等方面提供的支持，以及针对校园外的研究、教育、专利、衍生品、体育、学生协会等方面提供的支持，以此来衡量校园的运营与管理的成果。②

二、国内研究评述

通过检索近年来的相关文献发现，我国高校社会服务相关研究近五年形成学术成果的爆发期，形式以期刊为主，并辅之以相关的博硕士论文，专著成果较稀缺。研究的焦点从阐述发挥社会服务职能的意义到探讨服务质量和社会服务职能中的诸

---

① MENON M E. Productivity as an indication of quality in higher education: the views of employed graduates in Greece [J]. Quality in Higher Education, 2016, 22 (3): 183-196.
② BONOLLO E, MERLI M Z. Performance Reporting in Italian Public Universities: Activities in Support of Research, Teaching and the "Third Mission" [M] // BORGONOVI E, ANESSI-PESSINA E, BIANCHI C. Outcome-Based Performance Management in the Public Sector. System Dynamics for Performance Management, Vol. 2. Switzerland: Springer Cham, 2018: 307-329.

如科技成果转化、体育场所、图书馆等设施资源的利用等某一具体内容，总体研究内容体现了由宏观到微观、由面到点的研究发展路径。研究方法方面，由基于定性研究方法研究的文献探讨高校社会服务职能的重要性、必要性，以及在开展服务时的问题对策研究，发展到采用定量研究方法衡量服务的质量、绩效、效率、价值等方面，再到定性和定量方法相结合构建指标体系进行社会服务相关活动的评价，丰富了高校社会服务这一主题下的理论与实证研究成果。

（一）关于高校服务社会路径的研究

1. 加强党建引领

高校基层党组织作为高校整个组织体系的基石，承担着为地方经济社会发展培养所需人才、开展科技研究、提供社会服务以及开展文化传承等重要职责。在新时期，加强党对高校的全面领导，强化政治功能，提升组织力，不断增强基层党组织的领导力、战斗力和凝聚力，这是推动党建引领高校高质量发展的必然选择。

周坚[1]、王学民[2]论述了"在深度融合中以党建引领高校事业高质量发展""以高质量党建引领学校高质量发展"的必要性及发展路径。严雯婷以无锡工艺职业技术学院为例，分析

---

[1] 周坚.在深度融合中以党建引领高校事业高质量发展［J］.国家教育行政学院学报，2021（10）：3-8，18.

[2] 王学民.以高质量党建引领学校高质量发展［J］.荆楚理工学院学报，2021，36（3）：9-12，48.

了以"党建联盟"为载体的高校基层党组织服务地方经济社会发展现状，探索了高校基层党组织服务地方经济社会发展的创新路径，提出加强顶层设计，多维度地加强合作交流，不断提升高校基层党组织服务地方经济社会发展的广度和深度，切实将高校党建优势和力量转化为服务地方的动能和效能，助力地方经济和社会发展。①

2. 推动产教融合

习近平总书记在党的二十大报告中指出，要加强企业主导的产学研深度融合，强化目标导向，提高科技成果转化和产业化水平。② 2017年，《国务院办公厅关于深化产教融合的若干意见》将产教融合上升为我国高校深化教育改革的制度。李高建、李传章、崔萍分析了产教融合背景下地方高校服务区域经济社会发展的困境和路径，提出了以教育教学改革为核心、以整合科技资源为抓手、以繁荣地方文化为使命、以完善制度建设为保障等地方高校服务区域经济社会发展的路径。③ 苏团分析了产教融合背景下地方高校科研服务地方的路径，提出加强政府、高校、企业之间的协同创新，以实现教育领域与经济建

---

① 严雯婷. 高校基层党组织服务地方经济社会发展的创新路径研究 [J]. 湖北开放职业学院学报，2023, 36 (3): 136-137, 140.

② 习近平. 高举中国特色社会主义伟大旗帜 为全面建设社会主义现代化国家而团结奋斗：在中国共产党第二十次全国代表大会上的报告 [N]. 人民日报，2022-10-26 (1).

③ 李高建，李传章，崔萍. 产教融合背景下地方高校服务区域经济社会发展的困境和路径 [J]. 大学教育，2024 (3): 4-8.

设领域融合发展、互利互惠的新格局。[①] 张杰以某学院为例，进行了地方高校构建社会服务"协同育人"模式探索，指出"在应用型人才培养过程中，高校应积极探索用学术资源向社会换取优质的教育资源，结合专业培养目标，与社会构建'协同育人'模式，在真实教育教学实践中进行人才培养。为突出问题研究的针对性，该研究选择某学院作为研究的案例，提出基于遵循协同理论，在履行社会服务职能的同时，构建'协同育人'模式，助推地方学校应用转型"[②]。

（二）高校社会服务职能评价的研究

对高校社会服务的职能评价研究主要表现为三方面：第一，从整体上考虑社会服务的内容，并对其进行分类和归纳；第二，着重研究区域内的特定社会服务，并对其中的某些服务进行深入的探讨；第三，重点考察高校社会服务的效率和质量。莫光政和李忠云通过全国性问卷调查，提出中国高校的社会服务内容大部分集中在创办企业、提供科技发展和咨询，以及设立高校科技园区等方面。[③] 根据王英和帅全锋的研究，高校的社会服务评价指标可以分为软件服务和硬件服务两部分。

[①] 苏团. 产教融合背景下地方本科高校科研服务地方路径探索［J］. 长春工程学院学报（社会科学版），2020，21（1）：122-125.

[②] 张杰. 地方高校构建社会服务"协同育人"模式探索：以某学院为例［J］. 大学，2023（25）：6-9.

[③] 莫光政，李忠云. 高等学校社会服务实证分析研究［J］. 中国农业教育，2001（4）：21-23.

其中，软件系统公共服务涵盖了教育、科研等领域，具体的指标可以通过大学生就业率、非全日制本科生再就业率、社会服务满意度、科研成果转化率、学术论文专著引证率以及政策采纳率等来反映；而硬件公共服务则涉及高等学校的物力资源，其指标则可以通过高等学校物力资源的使用率来衡量。① 高校的公共服务应该分类为知识资料咨询服务、基础设施公共服务和先进文化公共服务三大类。② 而李凡则以上海杨浦区为例，通过采用问卷调查法，将社会公共服务划分为人才、科研技术咨询服务、专业咨询服务和文化资源咨询服务四大类，并从中挑选出15项作为评估高校社会服务水平的重要指标。③ 应望江、李泉英④与盛国军⑤指出，"服务水平质量""服务水平意识""服务水平效果"是一个三级指标，它们可以用来衡量高校社会公共服务的效益，包括学生总数、使用研究数以及使用效果数。这些指数之间存在着非线性的关系，可以帮助我们更好地评估高校的社会服务职能。"服务素质"和"公共服务意识"是两个一级指标，它们分别代表"服务素质"和"服务

---

① 王英，帅全锋. 高校社会服务职能特点及评价探析[J]. 邯郸学院学报，2006（2）：56-59.
② 帅全锋，王英，张玉杰，等. 高等学校社会服务评价体系的思考[J]. 黑龙江教育（高教研究与评估），2007（3）：90-92.
③ 李凡. 高校社会服务职能评价指标体系的构建[J]. 中国高等教育评估，2011（1）：38-41.
④ 应望江，李泉英. 高校绩效评价指标体系设计及应用研究：以教育部直属高校为例[J]. 国家教育行政学院学报，2010（2）：45-50.
⑤ 盛国军. 高校社会服务职能评价体系研究[J]. 黑龙江高教研究，2012，30（2）：49-52.

实效",分别反映了社会服务实践活动的实际效果,并且形成了一个层次结构。"服务素质"和"服务实效"被视为体系中的基础,它们各自扮演着不同的角色。费明明[①]等基于前人相关文献分析和国内外高校经验,将高校社会服务分解为科教服务、平台服务、文化服务和资源服务四方面,并对新时期高校社会服务能力的评价指标进行了初步探索。

李晓莉引入企业管理中的平衡计分卡方法用于探讨社会服务评价指标体系的构建。[②] 根据刘庆强等人的研究,社会服务可以被划分为三类:基本类、跨越类以及综合类。这三类社会服务都需要高校拥有相应的资源,并且需要具备相应的专业技术,因此,各类别的高校在提供这些服务时存在明显的差距。[③] 加强高校的地方经济社会服务,可以为高校提供丰富的财富、知识、技术、人才等,同时也可以吸引大量的社会资金,从而推动高校的社会服务持续改善,实现大学的跨越式发展。

陈凡等人认为,高校分类中增加社会服务型大学这一类别,强调大学在发挥人才培养、文化传播等传统服务职能的基础上实现社会合作功能。社会组织和个人之间通过合作、项目开发等方式相互促进,以提供更加紧密、更加直接的服务来改善人民的生

---

① 费明明,曹银贵,张寿庭,等. 新时期高校社会服务能力评价指标的初探[J]. 中国地质教育,2024,33(1):21-24.

② 李晓莉. 平衡计分卡与高校社会服务评价指标体系的构建[J]. 教育评论,2014(7):12-14.

③ 刘庆强,侯光辉,田园,等. 高校社会资本与社会服务参与的互动关系:一个类型化解释框架[J]. 高教探索,2013(1):23-29.

活,这种新型的服务活动是由学校来承担的,重点是提供实际的服务。[1] 社会服务狭义与广义概念的分歧在于是否将间接的社会服务活动包含在内,还是仅限于直接服务或活动。在区域高校,我们将对某一特定的社会服务进行评估,以探索其有效性。

根据张虎[2]和龙净林[3]的研究,清华大学科技开发部的接待出访数据可用于揭示学校与社会、学术界和实践机构之间的联系,并且可用于评估学校的信息化建设水平。此外,龙净林还探讨了当前学术界如何利用学术技术提升学术水平、提升学术氛围、促进学术发展。任宗泽和卜晓军[4]指出,为了更好地推动哲学和社会科学的发展,当前的地方高校应该改变传统的教育理念,充分理解它们在促进当前社会发展中的重要作用,积极探索更多的可行之路。

王志章[5]、何颖[6]认为高校智库可作为人文社会科学服务社会的载体,提高高校社会服务能力和水平。赵欢通过对"教

---

[1] 陈凡,吴跃文.社会服务型大学:高校分类新类别[J].高教探索,2014(1):10-13.

[2] 张虎,刘嘉,冯叶成,等.基于接待出访数据的高校产学研工作研究:以清华大学为例[J].科技进步与对策,2012,29(22):48-50.

[3] 龙净林.评价与发挥高校数字图书馆数字资源服务能力研究[J].图书馆理论与实践,2016(12):101-104.

[4] 任宗哲,卜晓军.对地方高校提升哲学社会科学学科社会服务功能的思考[J].西安电子科技大学学报(社会科学版),2011,21(6):109-112.

[5] 王志章.国外人文社科智库开展社会服务的经验与启示[J].社会科学家,2015(8):13-19.

[6] 何颖.加强高校新型智库建设 提升社会服务能力[J].学术交流,2015(10):74-75.

育服务""休闲服务""生活服务"三个具有复杂结构的一级指标的分析，发现它们对于衡量高校对于老年人的社会服务的贡献是十分重要的，并且具备良好的实用性。[1] 关于高校社会服务的效率，服务质量相关的评价研究，帅全锋等人[2]认为中国社会服务质量可以通过三个等级指数来衡量：知识信息服务水平、学校设施服务水平和先进文化服务水平。而张宝友和黄祖庆[3]则将这三个级别指数进一步细化，形成了一个更加完善的评估指数，包括学生人数比例、从业师资比例、科研社会回报率、校企研发核心比例、科普知识传播度、基础设施使用率以及基础设施使用满意度。韩瑞珍和杨思洛[4]提出了一个AHP高校社会发展工作绩效评价指标体系，该指标体系将原来的3个一类指数细化为8个二类指数和25个三类指数，以更加精准地衡量各项指标的贡献。朱建国[5]将直接指标和间接指标作为两大一级指标评价高校社会服务质量。向延平利用主成分分析法结合12个社会服务数据指标测定吉首大学2001—2010年

---

[1] 赵欢，翟振东．高校老年人社会服务拓展的综合评价[J]．中国电力教育，2013 (22): 16-17.
[2] 帅全锋，王英，张玉杰，等．高等学校社会服务评价体系的思考[J]．黑龙江教育（高教研究与评估），2007 (3): 90-92.
[3] 张宝友，黄祖庆．论高校社会服务评价指标体系[J]．黑龙江高教研究，2009 (8): 41-43.
[4] 韩瑞珍，杨思洛．区域高校社会服务绩效评价指标体系构建研究：以湖南省为例[J]．重庆大学学报（社会科学版），2013, 19 (6): 83-88.
[5] 朱建国．高职院校社会服务质量评价体系构建与实施[J]．宁波职业技术学院学报，2015, 19 (5): 43-46.

的社会服务绩效。① 薛凯喜等人②将问卷法和访谈法有机融入高校的公共服务绩效评估中，提出"高校社会服务内涵及发展""高校社会服务系统结构""高校社区服务效能辨识"等指标，以期达到更加准确、全面的评估目的。

（三）高校社会服务能力评价指标与评价方法的研究

构建高校社会服务能力评价指标体系大致有两个方向：一是从社会服务本身即内在要素层面基于社会服务的内涵，分歧在于是否将人才培养和科学研究相关的内容纳入高校社会服务的范围；二是从外在层面根据利益相关者理论的服务对象来构建指标体系。

吴峰[3]将高校社会服务能力的概念定义为一种可以为当地经济发展和社会进步提供有效的智力产品和服务的实际能力，并基于此构建了一套完整的指标体系。该研究认为，高校社会服务能力可划分为两部分：一是政治、经济、文化等领域的服务能力，二是为社会进步做出贡献的能力。这些能力还综合体现在人才培养、教育、科技、信息咨询等方面。刘涛和油永

---

① 向延平．地方性高校社会服务绩效评价分析：以吉首大学为例［J］．吉首大学学报（自然科学版），2012，33（3）：100-104.
② 薛凯喜，胡艳香，杨泽平，等．论高等学校社会服务效能评价及研究策略［J］．高教学刊，2016（4）：71-72，74.
③ 吴峰．论区域高校社会服务能力的培育［J］．临沂师范学院学报，2003（2）：34-36.

华[1]将山东省的社会服务能力划分为四个主要领域：教育延伸、科研拓展、文化活动和资源开发。他们利用已有的数据，运用结构方程模型，对驻济南高校的社会服务能力进行了评估，从而清晰地展示出高校的优势和不足。根据吴一鸣[2]的研究，高职院校的社会服务能力表现出来的内在特征包括专业建设的一致性、人才培养的有效性、师资队伍的适应性、条件设施的完善性以及体制机制的创新性，而外在特征则表现为为当地产业发展、行业企业发展以及人才成长提供支持。张磊等人[3]提出了一种新的、基于客观实际的、综合考虑多个因素的高等教育机制，以客观的视角，将每个学生的社会服务能力划分为两个主要维度：学生的学习成绩和教学技能、环境、学习信息、教学资源的利用效率。研究认为，高校社会服务工作被划分为三个主要领域：提供给政府、提供给企业以及提供给社区。曲林[4]提出，一种新的评价方法可以更加全面地评估高校的社会服务能力，该方法采用模糊数学与灰色理论相结合的模糊综合评价模型以及灰色关联分析法，以更加精准的方式来评

---

[1] 刘涛，油永华. 高校社会服务能力评价体系的构建及应用研究：以山东省高校为例［J］. 当代教育科学，2016（17）：33-36.
[2] 吴一鸣. 高职院校社会服务能力的要素解构与评价策略［J］. 职教论坛，2016（13）：14-19.
[3] 张磊，谢祥，朱佳鑫. 高校社会服务能力评价问题研究［J］. 东北大学学报（社会科学版），2013，15（5）：484-488.
[4] 曲林. 高校社会服务能力评价决策支持系统的研究与设计［D］. 北京：北京交通大学，2012.

估高校的社会服务水平。陈宝文等人[①]提出了一个新的衡量高职院校为本地提供优秀服务的方法。该方法包括九个主要方面：人才培养模式、教育资源、校内实训基地、校外实训基地、服务能力、社区培训、社区服务影响、专业技能和非专业技能的发挥。此外，该研究还提出了若干衡量指标。通过应用AHP模型，精准地划分出各项评估指标的权重，以及按照其中的关键因素，可以为提升中国高等职业院校的社会服务水平提供参考。李波、王兴华运用偏最小二乘法构建了高校整体社会服务能力模型，面向社区服务、面向企业、面向政府服务和高校自身社会服务支持为潜变量。研究发现面向政府和社区的服务对高校整体社会服务能力有显著影响，其中面向政府的服务影响最大，面向企业的服务在社会服务能力的影响则非常小。[②] 此外，樊长军等人[③]的研究利用层次分析法，构建了高校图书馆面向地方公共服务能力指标体系模型，通过问卷数据对各影响因子权重进行测评，分析出高校图书馆面向地方公共服务能力的主要影响因素，为决策层推广高校图书馆面向社会

---

① 陈宝文，谭旭，李鑫．基于 AHP 的高职教育社会服务评价指标体系研究[J]．无锡商业职业技术学院学报，2014，14（6）：47-49，61.
② 李波，王兴华．基于 PLS 的高校整体社会服务能力研究[J]．教育科学，2016，32（3）：61-68.
③ 樊长军，康美娟，连宇江，等．基于 AHP 的高校图书馆公共服务能力评价方法研究[J]．统计与信息论坛，2010，25（9）：108-112.

延伸服务提供理论支撑。霍刚[①]利用德尔菲法（Delphi Method）构建了一个可以衡量当前高校科技实践水平的指标框架，并且通过精心的权重调整来提升其实践性。杨杰等人[②]则利用了一种拥有出色的联想记忆性的离散 Hopfield 神经网络，它可以更加精细、快速、全面地检测出当前高校的科研实践水平。

---

① 霍刚. 地方高校科技服务能力的评价研究［D］. 太原：太原科技大学，2010.
② 杨杰，李中文. 神经网络在高校科研能力中的评价研究［J］. 计算机仿真，2011，28（5）：384-387.

第二章

应用型高校社会服务的理论基础与时代使命

第一节 应用型高校的相关概念及其特征

一、应用型高校的内涵

(一) 应用型高校的界定

"应用型高校",也称"应用型高等院校",旨在通过提供实践性的、具有良好的道德品质和身心健康的课程来满足社会的实际需求,并且专注于培养能够胜任工作、经营、管理和服务的高素质专业技能的毕业生。它的特点在于其将课程重点放在实践性的教学上。

(二) 我国应用型高校的组成

中国的应用型高校为培养具有实践能力的高素质专业技术

人员提供了有力的支持，为中国的经济和社会的可持续发展做出了重要贡献。建设应用型高校的力量主要包括新建本科院校和老牌本科院校两部分。

1. 新建本科院校

新建本科院校在朝着应用型高校方向发展的过程中形成了两大阵营：一个是以应用技术为主的高校，另一个则是以教学服务为主的高校。[①] 随着社会的发展，应用型高校已经成为一种普及的高校形式，与传统的学术型高校形成了鲜明的对比。这种高校形式为社会提供了更多的就业机会和创造力。

2. 老牌本科院校

一些老牌本科院校将应用与学术相结合，从而形成一种新型的应用型高校，这类高校不仅仅是教学研究型高校，更是具有深厚学术底蕴的应用型高校。

二、应用型高校的特征

应用型高校重在"应用"二字，以体现时代精神和社会发展要求的人才观、质量观和教育观为先导，以在新的高等教育形势下构建满足和适应经济与社会发展需要的新的学科方向、专业结构、课程体系，更新教学内容、教学环节、教学方法和教学手段，全面提高教学水平，培养具有较强社会适应能力和

---

① 侯长林，张新婷. 对教学服务型大学的理性探讨［J］. 铜仁学院学报，2015（3）：52-58.

竞争能力的高素质应用型人才。应用型高校的专业建设要紧密结合地方特色，注重学生实践能力，培养应用型人才。

(一) 以培养应用型人才为目标

一个学校教育活动的出发点和最终归宿在于学校制定的培养目标，不同的培养目标反映了不同的教育理念，不同的培养目标在哲学层面指导思想上呈现较大的差异。普通本科和应用型本科是本科教育的两种类型，不同的教育类型决定了其培养目标的差异性。表现在培养规格上的差异是，"应用性"是应用型高校的培养规格，"学术性"是普通本科的培养规格。高等职业技术学校和应用型高校的培养目标表面上具有相似性，都是培养第一线需要的技术应用人才，但实质上两者侧重点不尽相同。高职专科培养的应用型人才属于初级技术人才，而应用型高校培养的应用型人才属于高级技术人才，其不仅提供技术服务，同时还承担着管理者和组织者的角色，进行管理服务。随着社会的发展，社会对人才的需求也在不断变化，在地方经济建设中不仅是简单传承技术和文化，更要具有创新精神，对新技术进行开发和创新。显然，应用型本科教育是一种更高水平的技能培养。培养高层次应用型人才是应用型高校的主要目标。

(二) 以服务社会发展为己任

2010年，《国家中长期教育改革和发展规划纲要》为高等教育的发展提供了重要指导,强调了其重要的社会责任,以及如何通过提供优质的教育来促进社会的可持续发展。我国应用型高校大多数分布在地级城市,甚至有些地级城市只有一所本科院校。应用型高校这种生在地方、长在地方的特殊环境特征,决定了其必须以服务地方经济发展为主要责任,积极主动适应地方发展的需求,与地方经济、文化、科技紧密结合,引领地方经济的快速发展。

(三)以地方性为办学特色

围绕地方优势特色办学是应用型高校突出自身特色、避免同质化的根本。应用型高校多数都属于地方院校,只有围绕地方创新办学特色,体现出独一无二的地方性特点,才能求得生存和持续发展。地方性特点具体表现为三方面:第一,应用型高校驻地在地方城市;第二,生源多数来自地方和周边临近城市;第三,就业去向也在地方城市居多。应用型高校与地方城市的关系是相辅相成、共同发展。作为地方大学有为地方建设服务的神圣职责,作为政府也应支持地方大学的发展,二者相互协助,共同促进地方经济的发展。

三、本研究的其他核心概念

(一)服务

服务是指某一个体加之于另一个体的行为,抑或某一团体加之于另一团体或是某一个体加之于团体，以及某一团体加之于个体的行为。① 它不是单纯某一个体或者单纯某一团体的行为。高校的社会服务职能，即通过教育、科研、人才培养、知识传播等多种途径，为社会发展提供有效的支持，从而促进社会的进步。这些服务不仅仅涉及人才培养，还涉及社会的经济发展、文化传播、社会建设等多个领域。应用型高校必须紧密结合区域特色，积极为区域经济建设服务，尤其要注重高校社会价值和服务意识。当然，服务在教育中的应用也还体现其本身的获益，只有强化服务职能、提升服务意识，教育才能获得发展的新动力。应用型高校通过社会服务实现高校与区域互动，高校将其研究的成果应用于社会实践并在实践中得到检验，而社会又可以为高校的发展提供必要的经费支持。因此，社会服务的价值关系主客体双方，即教育服务不只是社会从服务中获益，而且还包括教育从社会服务中受益。

（二）社会服务

高校的四大职能是人才培养、科学研究、社会服务、文化传承与创新。其中，培养未来的科技人才、推动社会发展的文化传承，是高校实现服务社会的重要基础。

学术界普遍认可的社会服务定义可以从两方面来理解：一方面，它指的是高校作为一个学术机构为社会做出的实质性贡

---

① 柳国梁，余斌，陈国民. 服务型区域教育体系的地方高校转型研究 [M]. 北京：高等教育出版社，2014：6.

献，不仅体现在直接的行动上，还体现在间接的行动上。从根本上说，高校能够不断地服务和满足社会发展的需要，成为其持续存在和发展的主要原因。高校对社会的贡献是多方面的，通常将人才培养和科学研究也包括在广义的高校社会服务中，而且在这种范畴下，人才培养和科学研究是高校社会服务的基础和根本，两者对于培养人才，尤其是高级专业人才具有极其重要的作用。高校通过所培养的各类人才为社会的发展贡献力量，间接地服务社会。此外，高校也与社会进行直接联系，如兴办创新型企业、提供决策咨询服务等方式，成为广义高校社会服务的重要组成部分。[①] 另一方面，从狭义的服务概念出发，高校在保证不影响正常人才培养和科学研究活动的前提下，依托人才和知识等资源优势，向社会提供直接的、服务性的、能够促进经济和社会发展的活动，特指高等学校以满足社会的现实和需要为目的，依托教学和科研职能直接面向社会开展的诸如短期人才培训、科技咨询、技术推广与服务等行为，具有鲜明的直接现实性、学术性、发展性及服务有限性等基本特征。本研究所指的社会服务正是源于我国高校对社会服务概念认识的分歧，不同于欧美国家将高校的直接社会服务职能称为"第三使命"，能够清晰地与其他职能进行区别，而我国常说的社会服务职能通常意义上是指狭义的直接社会服务概念，

---

① 曲林. 高校社会服务能力评价决策支持系统的研究与设计 [D]. 北京：北京交通大学，2012.

与广义社会服务活动比较，突出其作为高校一项成熟的职能。社会服务和人才培养、科学研究以及随着社会发展变化衍生出的文化继承与创新职能一样都是高校的职能所在，它们相辅相成，联系密切。通过科研，发展科技、创造知识，促进生产发展是一种服务社会的形式；通过教学，传播知识文化，培养品德高尚、素质全面，具有自由思想、独立人格的创新复合型人才，传承积极向上的社会文化，推动社会文明进步，促进生产力水平提升，也属于为社会服务。在现实中，不少高校对社会服务理念的认知存在偏差，刻意割裂高校职能之间的联系，片面强调社会服务的直接性。这对于高校在开展社会服务中自身的角色定位和办学方向上极易产生不利的影响，离开了人才培养和科学研究职能谈直接社会服务就像无根之木，失去根基便无法抵抗风雨而立足。

综上，本研究的社会服务范围依据广义社会服务内涵而言，即社会服务是高等院校致力于满足政府及公众对于优质教育的期望，并将其作为发展方针，通过不断改善基础设施、设计、课题、管理、技术、师生素质，积极响应社会变革，推动社会经济可持续发展，促进全民共同繁荣。

（三）社会服务能力

能力是一种潜在的、不可见的特征，很难用来衡量和比较，但是，我们可以通过一系列的中介因素来评估一所大学的社会服务能力，其中最重要的一点就是确定社会服务的范围。

本研究在文献资料分析的基础上，决定采用广义的社会服务内涵，以高校三大基本职能的方式分类体现。据此，本研究中的高校社会服务能力主要分为人才培养服务能力、科研服务能力、直接服务能力三方面，通过对这三方面的能力分解，将高校所拥有的历史传统、优势特色、资源条件等抽象概念以社会服务活动形式、社会服务成果、社会服务质量来体现，便于高校自身了解社会服务能力水平，也可以用来同其他高校比较，博采众长。

一所高校强大的社会服务能力，是开放的办学理念、灵活的办学制度和具有企业家精神的学术思维的集大成者，更能够反映社会文化的创新、包容程度与法治环境的有序性。从这个意义上说，高校社会服务能力不仅是其在社会服务过程中为社会提供产品和服务的综合能力，也可以作为判断社会进步的标志之一。

第二节　应用型高校社会服务的理论支撑

一、内生经济增长理论

（一）内生经济增长理论产生背景

随着全球化的推进，知识的重要性日益凸显，发达国家正在朝着一个新的阶段迈进，这一阶段的特征是知识的价值和作用。因此，有形投资的重点已经从传统的商品和服务转移到高科技领域，无形投资如教育、培训、研发等，也变得越来越重要。

随着索洛的理论的发展，一些经济学家开始改变传统的生产函数，将知识作为一种新的概念，用来描述经济增长的特点，以及知识如何影响经济的长期发展。阿罗（Arrow）提出了一个新的理论，即高知识积累的内生理论，用来解释技术的发展。阿罗指出，知识的获取是一种"经验的产物"，企业在投资和生产的过程中，可以不断积累有效的生产知识，从而提升企业的生产效率，因此，知识的再创造可以被视为投资的"副产品"，也就是说，在生产过程中，可以通过"边干边学"的方式来实现。[1]

富尔顿·丹尼森（Fulton Denison）在其专著《美国经济增长因素和我们面临的选择》对知识进展和应用对经济增长的作用及其中教育的作用进行了测算。

无论是索洛新古典经济增长模型关于教育对经济增长贡献的研究，还是丹尼森在核算教育对经济增长时使用的因素分析法，对生产过程来说，都把技术变革看作外生的影响因素，这一些研究结果的理论基础都属于外生经济增长理论。20世纪

---

[1] 李文利. 从稀缺走向充足：高等教育的需求与供给研究 [M]. 北京：教育科学出版社，2008：44.

80年代后期以来，一些经济学家提出生产技术进步由内生的人力资本所决定，通过技术进步来提高生产效率，最终达到促进经济增长的目的。在此背景下，内生经济增长理论应运而生。

1986年，保罗·罗默（Paul M Romer）对阿罗的"边干边学"效应做了修改，用"知识"替代了"资本"。通常认为，罗默1984年发表的题为《递增收益与长期增长》和1990年题为《内生技术变革》的论文，以及卢卡斯（Robert E. Lucas, Jr.）1988年发表的题为《论经济发展机制》的论文，标志着新的内生经济增长模型的创立。内生经济增长理论，又称新增长理论，是产生于20世纪80年代中期的一个西方宏观经济理论分支。20世纪80年代内生经济增长理论创立以来，人们开始把技术进步、政府支出、研究与开发和人力资本（包括教育投入）当作内生变量，纳入经济增长模型中。

（二）内生经济增长理论主要观点

1. 经济增长取决于技术进步

罗默提出的内生增长理论指出，随着人力资本的增加，经济增速会有所提升。他将知识划分为普遍的知识与特定的技术，其中普遍的知识会导致规模的扩大，特定的技术会导致收益的增加，二者有机融合，将会让劳动要素的投入与资本的增加同步，进而推动整体的经济增速。

根据这一理论，知识的积累和经济的发展之间存在着一种复杂的关系，即它们之间的交互影响。这种关系不仅体现在技术的发展上，而且体现在劳动者的劳动力资本的积累上，以及随着劳动分工的演变而形成的制度变迁上。科学的发展离不开人才的投入，而投入的回报则取决于组织的结构和运行机制。因此，经济发展的实现需要建立在科学的发展观念、有效的组织结构和运行机制之上。因此，该理论认为，内生技术的进步是保证经济持续增长的决定性因素。

2. 溢出效应来自人为资本的投资

内生经济增长理论的代表人物还有舒尔茨和卢卡斯。舒尔茨认为，通过增加对人力资本的投入，可以实现持续增长，这一理论的核心思想就在于增加对人力资本的投入，而不仅仅局限于增加财务报表上的数字。卢卡斯将人力资本因素引入经济增长模型，强调人力资本的内生化与溢出效应，认为溢出效应来自人力资本的投资。卢卡斯不仅提出了专业化人力资本积累是经济增长的真正源泉，而且还提出了增加专业化人力资本的途径。

3. 增加"教育部门"使内生增长成为可能

罗默将经济分为研究开发、中间产品生产和最终产品生产三个部门。卢静在罗默的"三部门模型"基础上增加了"教育部门"，以更好地反映经济发展的内生性。这个新的模型假定劳动力供给和人口数量保持不变，而且人力资本总量也保持稳定。卢静的研究表明，当经济达到最佳平衡状态时，发展中国家投入的教育资本量将会远远超过发达国家，这一结论彻底颠覆了以往人力资本总量由外部因素决定的假设。

专家们基于不同的假设，提出了多种内生经济增长模型，其中包括内生技术进步、人为资本积累、劳动分工演进以及制度变迁等。这些模型旨在探究技术进步如何影响经济发展，并研究它们的表现形式。在这四种经济增长模型中，内生技术进步的增长模型及人力资本积累模型已经成为现代经济增长理论的一个重要组成部分。

（三）内生经济增长理论对应用型高校社会服务的指导

1. 应用型高校要以服务社会为职能，找到服务社会的结合点

以罗默为代表的内生经济增长理论认为，知识积累与经济增长是循环互动、相互作用的过程，知识积累既是经济增长的原因，也是经济增长的结果。罗默指出，知识的不断积累和技术的进步已经成为现代经济的核心动力，它不仅可以提供更多的就业机会，而且可以提升企业的竞争力，从而推动地方的经济发展。知识也可能改变地方的社会结构，从而影响当地的生活水平，使得它们不再仅仅局限在传统的生产要素上。

内生经济增长理论认为，在经济增长到一定程度后，促进经济增长最主要的因素，已不再只是一般的劳动力和资金资源，更重要的是掌握技术和知识的人才资本。应用型高校不同于部属高校，它主要服务于区域，担负着服务区域经济建设的重任，这既是高校自身职能扩展的必然结果，也是区域经济发

展的必然要求。应用型高校是知识、人才和文化的聚集地，其生存与发展的基础就在于能为区域经济建设提供人才支持和科技服务，增强应用型高校与区域经济建设的适应性。因此，应用型高校要以服务区域为职能，找到服务区域经济建设的结合点与着力点，促使区域经济建设朝着务实、理性和可持续的方向发展。

2. 提升应用型高校人力资本生产效能，满足区域经济建设的实际需要

卢卡斯的"人力资本"理论将技术的发展作为推动经济增长的重要动力，并将其转变成可持续的发展动机。卢卡斯将人力资本因素引入经济增长模型，强调溢出效应来自人力资本的投资。每个单位部门人力资本的不断增加，不仅可以提升产出，而且还能够带动整体社会的人力资本水平的提升，从而为企业和个人带来更多的收益。因此，人力资本的溢出效应是促进经济持续发展的重要因素。人力资本好比经济增长的发动机，因此，对区域经济建设而言，一个十分关键的人力资本生产部门就是应用型高校。应用型高校承担着为区域经济建设培养人才的重任，这样可以为区域经济建设提供充沛的人力资本，进而促进其他生产要素的收益递增。应用型高校只有做好人力资本的"生产部门"，优化人力资本，才能提升服务区域经济建设的效能，产生人力资本的溢出效应。

根据卢卡斯的理论，人力资本可分为社会一般人力资本与

专业化人力资本两种类型，这两种人力资本都可以通过学校教育与生产实践两种途径获得。因此，应用型高校要根据自身的办学条件和区域经济建设的需求，针对性地进行多种形式的学历或非学历培训，为区域经济建设培养应用型的技术人才，以满足各类人员接受继续教育和终身教育的需要。一方面，通过接受正规或非正规的学校教育，可以提升个人的智慧和技能，进而促进经济发展，提升劳动生产率。另一方面，通过生产实践而非学校教育获得经验，在边学边干中提高劳动者技能。

3. 加大欠发达地区投入教育的资本量，提升人力资本优化空间

卢静修正了罗默的模型，增加了一个"教育部门"，打破了人力资本总量由外生给定的假设，并认为，在经济增长达到最优均衡状态时，发展中国家投入教育的资本量应该高于发达国家。由此卢静对内生经济增长理论做出了重要贡献，尤其对经济欠发达地区的人才培养，具有十分重要的现实指导意义。

服务区域经济建设关键是人才，而人才的价值在于对区域经济的贡献。区域化既是应用型高校的基本特点，也是应用型高校转型的立足点。在市场经济深入发展的今天，服务区域经济是应用型高校的时代使命。人力资本的开发与培育有赖于教育事业的推动，高校作为人才培育最重要的阵地，对人才的培养选择具有非常重要的意义。内生技术进步的增长模型把知识和人力资本内生化，强调其对经济增长的决定性影响。因此，

卢静认为发展中国家投入教育的资本量应该要高于发达国家的理论，对今天应用型高校服务区域经济建设具有重要的指导价值。

二、教育经济一体化理论

（一）教育经济一体化理论产生背景

1. 人力资本理论的提出

人力资源是指劳动力数量和质量，当我们把人力资源赋予了经济价值，并以其产生的资本价值来衡量的时候，人力资源就转化成了人力资本。人力资本理论出现前，人们致力于探索经济增长源泉的研究工作，都想知道，教育到底对经济增长带来多大的贡献，教育是通过什么方式以什么途径做出了贡献。20世纪60年代兴起的人力资本理论认为，人的能力形成与发展应当视为经济过程投入的一种产出。在研究教育对经济增长的贡献过程中，经济学家们还发展出宏观与微观两种研究方法。随着时代的发展，人力资本的重要性日益凸显，它不仅是生产各要素之间的桥梁，更是促进经济增长和发展的关键驱动力。

但是，在诸多理论中，筛选假设对人力资本理论提出了最强有力的挑战。强筛选理论认为，受教育程度高的劳动者获得了较高的个人收入，其原因并不是教育提高了劳动者的劳动生产率，而是教育系统有一种筛选机制，这种筛选机制把较高学习能力的学生和把天赋资源好的学生，从众多人群中筛选出来。诺贝尔经济学奖得主斯宾塞（Michael Spence）认为，学习能力较强的人会觉得学习相对轻松，因此更容易获得较高的文凭。尽管有人质疑教育能否提升工作效率，但我们也不得不承认它对个人的收益有着积极的影响。

2. 合作教育理论萌芽

企业的优势在于它最接近市场，高校的优势在于它积聚了较强的科研资源和人才资源。20世纪初发端于英国和美国的合作教育，今天已被世界各国广泛运用。尽管目前学术界已经开始尝试更加系统性地分析校企合作培养的创新人才，以更好地了解合作的动力、影响因素以及知识的传播、分享、创作的过程，然而，仍有许多学者没有完整地把握到校企合作培养的本质，从而无法真正达到有效的效果。

3. 三螺旋理论已成为当今创新研究领域的重要模型，受到广泛认可

古代美索不达米亚人利用其独有的"三螺旋"模式，将DNA的双螺旋分子物质构造与生物、晶体学相融合，开辟了一种全新的、有效的抽取水源的方式。1996年，美国学者亨利·埃茨科威兹及其他研究小组将物理学与生命科学的观点结合起来，提出了一种全新的创新方法，旨在探索当今知识经济环境中，高校、中小型组织与政府的相互作用，从而推动社会的发展。

20世纪90年代以来,"高校—产业"双螺旋关系的研究受到越来越多学者的重视。1992年,"高校—产业"双螺旋关系国际研讨会于意大利举行;1993年,"高校—产业"双螺旋关系国际研讨会于墨西哥举行;1994年,"大学—产业"双螺旋关系国际研讨会于美国纽约举行。1996年,会议发起者与亨利·埃茨科维兹、洛埃特·雷迭斯多夫等学者联合在阿姆斯特丹成功举办了第一届国际三螺旋会议,此后,该会议定期举行,并且受到全球各行各业的关注。2005年5月,第五届国际三螺旋大会更是受到全球30多个国家和地区的热烈欢迎,来自科技界、工商界等的超过500位专家学者出席。中国的学术界首次出席这次盛大的论坛,并做了精彩的演讲。从1996年开始,到目前已经举办了七届三螺旋会议。这类连续召开的会议为该领域的专家学者提供了交流与合作的重要场所,尤其对三螺旋理论内容、研究方法等方面展开激烈的探讨,从一定程度上推动了三螺旋理论的发展。

(二)教育经济一体化理论主要观点

第一,人力资本是一种由教育所培养的知识和技能的积累,它不仅仅是一种天赋,还是一种经济能力的积累。舒尔茨曾经指出,人们拥有的经济能力大多不是天生就具备的,也不是在学校里就已经具备的。他强调,学校教育在提升人的生产能力上具有重要意义,它不仅可以改变人们的工资结构、劳动力和财产收入的比例,还可以提高劳动生产率,促进经济发展，同时也可以增加个人收入。人力资本理论的核心观点是，教育可以有效提升人的生产能力，从而实现经济增长。①

第二，联合教学，2001年全球联合教学联盟（World Association for Cooperative Education）将理论课堂教学与实践相结合，让学员将理论知识运用到工作中，以获得回报，并将工作面临的问题和增加的知识点带回教室，从而提升学员的实践能力和创新能力，实现双赢的教育目标②。随着区域经济建设中科技的含量越来越高，联合教学所提供给人们的知识和技能，以及这些知识和技能对区域经济建设所起的作用，都体现在联合教育的实践过程中。高校与企业建立密切而广泛的合作关系，体现了教育与经济的关联度。在中国，合作教育在实践中的体现，主要是校企合作与产学研合作。校企合作已成为全球教育和经济发展的重要组成部分，并受到了广泛的认可和赞赏。

第三，三螺旋模型强调政府、企业和高校三方之间的协同配合，以及它们之间职责和职责的重叠，以促进创新发展。埃茨科维兹专门撰写了《三螺旋》一书，系统地阐述了这一创新理论，将知识、趋同和创新紧密结合，以满足不断变化的社会需求。其中，知识空间需要拥有足够的资源，包括高校、研究

---

① 李文利. 从稀缺走向充足：高等教育的需求与供给研究［M］. 北京：教育科学出版社，2008：242.
② 柳国梁. 服务型区域教育体系的地方高校转型研究［M］. 北京：高等教育出版社，2014：4.

机构等，以及其他相关的技术支持，以促进区域的可持续发展。当人们的知识达到一定的高度时，它们就会被转化为实际的生产力，从而使人们的知识变得可以被投资。趋同空间的主要作用在于形成战略共识。政府、高校和产业三方应该共同努力，制定订有效的战略规划，并进行可行性论证分析，以便达成共识。为此，我们应该建立一个可以有效整合资源的空间，以便各方能够共同努力，实现共同的战略目标。创新空间高度依赖高校、企业与政府之间的相互作用，它是开展创新活动的空间。许多新兴组织在这个空间中被创造出来，包括组织的创建或改进，目的是实现在趋同空间拟定的战略。

　　三螺旋理论不是从传统经济学的角度来研究创新，而更多的是从社会学的视角来研究创新。埃茨科维兹提出了一种新的三螺旋模式，即高校、企业和政府部门之间的互动，这种方式使得每个机构都能够保持其传统的作用和独特的身份，同时也能够发挥其他机构的作用，从而激发组织创造的活力。[①] 三螺旋理论指出，高校、企业和政府部门都应该被视为技术创新的主持人和推动者，而不是仅仅被视为技术创新的主体。政府部门也不再是被赋予"权威"地位的角色，而是要发挥干预主义的作用，加强高校与生产性部门之间的关系。每个人都拥有极高的"互动性"（refexive sub-dynamics），他们拥有独特的思

---

① 亨利·埃茨科维兹. 三螺旋 [M]. 周春彦，译. 上海：东方出版社，2005：6.

维方式以及个人偏好，从而使得企业创新的核心变得更加复杂，他们的交流、期待以及互动改变着高校、企业以及政府部门的运作方式。文化和政治的冲突构建了一个复杂的三角关系，它们彼此间存在着一定的差异，却也能够彼此促进、协调一致。不管谁先行，它们的结果总会带来一系列的变革，从而构建出一个充满活力的三角关系。

（三）教育经济一体化理论对高校社会服务的指导

1. 地方高等教育是最大的人力资本投资

人力资本的创始人舒尔茨认为，教育通过提高人的生产能力从而提高了劳动生产率，促进了经济增长，同时也实现了个人收入的增加[①]。这一理论突出了经济价值的重要性，它指出，知识资本和人力资本的投入将会极大地推进经济的发展，远远超过了物质财富的积累。它的基础思想是，只有通过深入的研究、持续的开拓，才有可能实现真正的社会进步，从而使社会繁荣昌盛。毫无疑问，决定人力资本质量高低的是教育，经济对于教育的依赖从根本上说也在于此。

人力资本理论启发我们，教育对于服务区域经济建设的作用，主要表现在以下方面：一是技术进步，它是能动性的载体，具有收益递增的重要功能；二是人力资本投资有多种形式，如教育培训、医疗、卫生、保健等，但学校教育尤其是地

---

① 李文利. 从稀缺走向充足：高等教育的需求与供给研究[M]. 北京：教育科学出版社，2008：242.

方高等教育是最大的人力资本投资。因为，人力资本存量越大，劳动力质量就越高，相同条件下将创造出更多的物质财富与精神财富。内生经济增长理论强调，资本、非技术劳动、人力资本以及创新思维都是构成生产力的关键因素，而人力资本和创新思维更是发挥着至关重要的作用。

人力资本的开发与培育有赖于教育事业的推动。由于应用型高校服务区域经济建设职能明确，应用型高校又是一个区域人才、知识、信息资源的聚集地，有着推动区域人力资本培育和提升的优势，因此，地方政府在今后的区域经济建设过程中，可从应用型高校科研人才队伍建设、科研经费投入以及加强校企合作等方面加大对人才资本的投资力度，应用型高校必将成为人才培育最重要的阵地。

2. 加强校企多方合作实现双方互利互赢

合作教育追求的是高校与企业的合作，包括高校教育与生产劳动的合作、理论与实践的合作、课堂教学与生产实践的合作。解决企业和高校之间的关系问题，促进技术创新非常重要。相关研究指出，科技成果转化率不高是一个比较普遍存在的问题。在欠发达地区，产学研合作仍然存在一些挑战，例如，合作水平较低、缺乏完善的金融支持机制等。

合作教育理论可以帮助高校更加清晰地认识教育与经济的紧密联系，并且可以更好地探索校企合作教育、知识共享与创新能力之间的关联，从而激发企业参与校企合作的热情，改变目前高校或企业单一的发展模式，为校企合作教育的发展提供有效的理论指导。

3. 构建政府、企业与高校三方合作运行机制

三螺旋创新理论实质上是一个政府依托高校与企业互动，实现区域自主创新的当代主题。高校服务区域经济建设的行为必然与政府、企业的制度和运行机制密切关联，嵌入其经济及非经济的制度，创新高校—政府—企业三方合作机制，使三者合作规范化、制度化，并由此产生相对统一的价值观和激励机制，必须以创新高校—政府—企业三方之间的合作机制作为前提条件，也是地方高校与区域经济之间的良性互动的当务之急。因此，探讨高校、政府与企业之间如何通过机制创新达到三方之间的良性互动，建设新的组织机构，促进地方社会、经济、文化的发展，是应用型高校服务区域经济建设必须解决的重要问题。

第一，从一个被忽视的社会次要机构跃升为一个重要的社会机构。

三螺旋理论强调了高校对于推动创新的至关重要的作用，它指出，拥有足够的信息来支持创造力，使高校成为知识经济的核心力量，并且能够有效地应对当今复杂的社会环境。

我们可以把以上模式拆分成七大板块：高校独立创新、政府独立创新、企业独立创新、官学合作创新、官产合作创新、产学合作创新、官产学合作创新（如图2-1）。这七大板块共

生共存，共同发展。而在这七大板块中，高校—企业—政府各自都占有四个板块。随着时代的进步，当前高校不仅承担着更多的科学研究任务，而且还肩负着更多的社会责任，从而在社会中占据着更高的地位，并且在改善人们的福祉方面也起到了至关重要的作用。

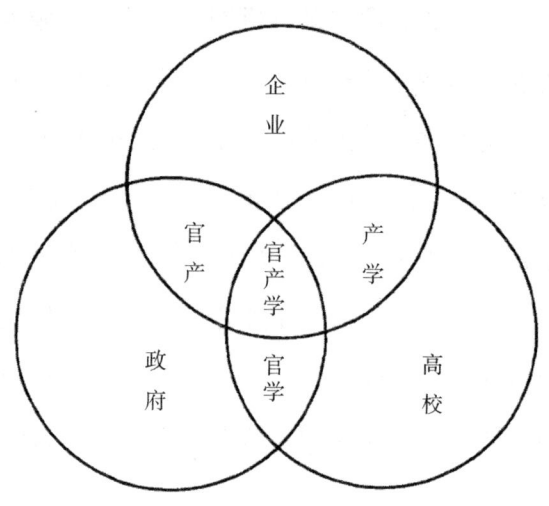

图 2-1 三螺旋模式构成

在区域创新系统中，高校是知识库，是创新的源泉，负责技术的开发、相关学科的研究、知识的创新与传播。高校承担了大部分的基础研究和应用基础研究，虽然这些知识不能马上产生经济绩效，但企业的创新活动依赖于此。高校既能为企业提供技术创新知识和科研成果，又能为企业输送各类人才，还能将自身的科技成果产业化，创办相应的高新技术企业，所以高校在区域创新中相当重要。地方区域经济社会是一种复杂的有机体系，其内在的关系非常密切，具体表现为教学、技术、经济社会、文化等多方面的紧密联系与和谐发展。为了使区域经济发展更加有效，高等教育必须与之相结合，以满足不同地区经济发展的需求，并为其提供有效的支持。

第二，"创业型高校"将成为未来高校发展的重要引擎。

"创业"提出了一种全新的职能和使命，"创业型高校"则是三螺旋理论的核心，它将推动高校的变革，并将"创业型高校"作为未来的发展方向。高校的优势在于它们的理论研究和科技创新，它们可以帮助企业实现技术实践，促进商业化，并在未来的区域经济和社会发展中发挥领先作用。"创业型高校"将有助于促进高科技企业的建立，推动新兴产业的发展，并促进高校与产业之间的联系。

"创业型高校"赋予高校新的内容和使命，它要求高校既要秉承传统使命，又要在"与时俱进"中纳入"创业"的新内容。例如，在教学上更多地参加实习或参与合作研究，在科研上更多地强调基础研究与应用研究的结合，强调科技资源的利用与成果转化，为地方服务，等等。如何做到传统与创新两者兼得且相得益彰，对新时期应用型高校而言是一个崭新的课题。

三、教育的服务属性论

（一）教育的服务属性论产生背景

现代意义上的高校源于中世纪的欧洲。随着时代的进步，素质教育已经不再仅仅是一种普通的学习方式，而是一种更加复杂的学习过程，意在提高学习者的能力，促进他们的整体发展，以适应当今时代的需要。国外高等教育的演变历经了希腊的人类培训、教会精神培训、文艺复兴时代的人文主义培训和资本主义阶段的现代科学培训等多个重要阶段，最后实现了两个重大转变：一是从单纯的塑造个体发展为更加强调个体与社会之间的联系；二是教育的功能和结构也发生了变化，从仅仅依赖于社会的规范转变为推动社会全面发展。

中国教育的发展也大抵如此。近代教育的发展历程可以追溯到私塾时代，当时的教育重点放在人文道德教育上，但随着时代的变迁，教育也开始关注其他领域，如经济基础和上层建筑。如今，教育已经成为社会主义现代化建设的重要支柱，并且在兴国、强国、促进社会发展方面发挥着重要作用。中西方教育的发展都经历了复杂的变化，从最初的服务人的角色，到后来的服务于社会经济，再到如今的互动发展，服务已成为教育的核心特征，这一点毋庸置疑。

（二）教育的服务属性论主要观点

在教育的服务属性日益显现过程中，经济社会对于教育也提出了更高的要求。在当今时代，教育的规模必须能够满足当前的经济、社会、生产力的需求，以及满足不断变化的产业结构的需求，并且需要培养出能够满足当前需求的各种专业技能的人才。此外，在确保社会可持续发展的前提下，高校的普及程度也必须加强，以便更好地培养能够满足当今时代需求的专业技能人才，以及能够担负起更加繁重的社会义务的公民。拥有良好的人文素养、掌握现代化的科学技术，以及满足当今社会的不断变化的需求，都将为社会的进步做出巨大贡献。因此，教育不仅仅是一个满足现代化需求的工具，更是一个为社会提供优秀的服务的机制。以高校为例，其社会服务属性的实现主要是通过教学、科研和直接为社会服务来完成的，就是要为社会经济和文化发展培养高素质人才、提供高水平科技成果，提供思想传播、技术咨询、文化交融等全方位的服务。

（三）教育的服务属性论对高校社会服务的指导

自高校产生以后，服务区域经济就不可避免地成为高校发展的一部分。高等教育服务职能的产生和存在已成客观事实。高等教育的服务职能之所以定位在人才培养和科学研究两方面，是基于大学的管理体制、办学体制、投资体制等变更而出现的职能分化。教育服务属性的凸显，是构建服务区域经济建设的一个理论支撑，在今天的教育实践中，如果偏离了服务这一方向，教育也就脱离了区域经济建设的现实需要，成了无源之水和无本之木。高等教育的服务职能是其与时俱进的重要体现，它不仅反映了社会的进步，也是教育发展的必要条件，更是应用型高校为地方经济发展提供支持的重要举措。

区域经济建设与应用型高校发展是互利共生的关系，并不是单向给予性的。应用型高校要寻求生存、发展和壮大，需要把握地方性、应用性和服务性办学理念，并不断践行与区域经济发展的契合点，实现与区域经济的共同发展。

1. 区域经济发展对高校办学具有决定作用

首先，区域经济综合实力是应用型高校发展的先决条件和物质基础。区域经济实力决定着应用型高校教育需要的资金支付能力，经济发展的水平决定了高等教育发展的水平。因此，应用型高校的生存需要地方财政的大力支持。应用型高校的发展，不仅需要地方政府优惠的政策支持，更需要地方政府强大的经济帮扶。其次，区域产业结构和发展水平决定应用型高校的人才培养方向。由于经济发展水平不同，产业结构和经济发展的重点不同，不同区域、不同时期对人才的需求也具有不同的特点。因此，应用型高校的人才培养应根据区域经济的战略部署进行调整。最后，地方政府发展战略决定应用型高校专业设置和学科建设思路。应用型高校应围绕地方政府发展战略，及时设置和调整与市场匹配的专业，明确学科建设思路，实现自我与市场、与区域经济的对接。

2. 应用型高校为区域经济建设提供动力源

根据内部增长理论，影响地方经济增长的关键因素包括技术、数据、劳动力,这些都将成为地方发展的核心动力。加强服务区域经济也是应用型高校转型必须考虑的首要目标。这是应用型高校争取资金支持的一个重要来源,也是应用型高校与区域经济社会的结合点。第一,应用型高校为区域经济发展提供人才资源。地方高校要满足区域经济发展的需要,必须有针对性地培养适合当地的高层次人才,尤其是应用型人才,从而进一步满足区域经济发展的需求。第二,应用型高校为区域经济发展提供技术支撑。技术创新是将知识转化为实际生产力的重要桥梁,而应用型高校则可以提供有力的技术支撑,以推动区域经济的发展,如优化产业结构、推动企业项目的建设和开发等。第三,应用型高校为区域经济发展提供支柱产业。工业企业既是国民经济的支柱,也是中小城市生存和发展的命脉,还是科技与经济的交汇点。

3. 服务社会发展要合理转型并拓展途径

合理转型就是要使应用型高校的运行发展与教育的服务属性相结合。服务是教育的天性,也是其与生俱来的本质属性,更是区域高等教育尤其是应用型高校的一项基本职能。随着我国高等教育体制改革,应用型高校基本"下放"地方管理,这一转变势必推动应用型高校从被动适应向主动服务的合理转型。应用型高校服务转型包括办学理念、学科专业设置、人才培养模式、师资队伍建设以及学校内部管理体制机制转型等,应用型高校可从明确服务方向、优化人力资本、专业市场对接、促进成果转化等方面入手，做好转型服务工作。服务区域经济建设是应用型高校的固有属性，结合教育的服务属性论的启示，应用型高校服务区域经济建设还需要从以下方面拓展服务途径。一是抓住新型智库建设的发展机遇，发挥人才、学科和智力等优势资源；二是推进区域校际学科优势联盟，促进区域学科资源效益最大化；三是发挥区域文化软实力，加快区域文化产业开发进程。

总而言之，应用型高校的发展和地方经济的发展密不可分，二者互惠互利，相互促进。在这个过程中，高校、企业、政府三者主体要协同创新，区域三螺旋相互作用，才能最大限度地实现利益共赢。

四、嵌入性理论

（一）嵌入性理论产生背景

从字面上看，嵌入是指事物镶嵌于其他事物的事实，它假定了事物之间存在着裂隙，而这种裂隙是可被弥合的。换言之，所谓嵌入即表明事物与其他事物之间的联系以及联系的程度。制度经济学讨论了制度的生成、起源和变化及其与供需间的关系，但其招致最大诟病的是没有考察这一社会制度生成和发展中的具体的社会环境与结构，似乎只是在经验与经验的比较中对制度的生成进行了预设。由于对社会结构的忽略，制度经济学似乎找不到更好的出路，而嵌入性理论却为此提供了完善和修补的机会。

(二) 嵌入性理论主要观点

1944年,波兰尼在《大转型:我们时代的政治与经济起源》中首次将嵌入性作为一个重要的理论框架,然而,该理论的实质内容却只有两次被详细探讨。直到13年后的1957年,波兰尼才对这一概念进行了认真阐述。这一概念是波兰尼用来识别人类历史发展进程中,经济与市场在社会框架之中位阶变动的分析性范畴,是其整体主义立场非常重要的基础。在沉寂了多年以后的1985年,马克·格兰诺维特发表《经济行动与社会结构:嵌入问题》一文,进一步发展了波兰尼的思想。可以说,格兰诺维特在很大程度上对嵌入性理论进行了重新挖掘,并对此进行了扩展。正是基于此,嵌入性理论成为新经济社会学家的核心范畴之一。嵌入性理论的主要观点如下。

1. 经济行为是社会程式或社会运行方式共同发挥作用的结果

波兰尼认为经济运行的规范化和制度化与某一个社会的结构机制以及运行过程密切相关。在这个运行过程中自然会产生一种结构,这种结构必然具有设定社会、给社会进行定义的功能,由此会产生相应的价值观、激励条件以及政治框架。正是在此种密切关联的作用过程中,经济行为被制度化。同时,也基于此,经济事实和行为必然嵌入经济以及非经济制度的始终。

波兰尼主张经济活动是嵌入（依靠）非经济框架的。在传统社会里，经济活动是被社会关系、文化习俗、道德观念等非经济因素包裹着的。市场中存在的交易模式与家庭生产、互利机制及社会再分配都是相似的，它不过是经济运行因子中的一个分子，或者是一个制度的规范之一。对此观点，即使对波兰尼持激烈反对态度的布罗代尔也给予了肯定评价。而且值得一提的是，布罗代尔对15世纪到18世纪人类的经济社会生活进行了细致入微的考察，考察的结果惊人地与波兰尼实现了契合。

2. 人际互动是经济嵌入社会网络的重要机制

格兰诺维特等人从新经济社会学的立场出发，对经济行为的非独立性进行了探索。他们以为，人类经常性从事的经济行为是纷繁的社会行为中的一种形式，一种特定的经济运行规范和制度，是社会的重要构成。格兰诺维特认为，社会的基础在于人们身处其中的社交关系，这种关系的形成依赖于人们之间的相互信赖。具体来说，在对人类的经济活动进行展开时，"互动""关系之网""信息相传"是格兰诺维特的主要关注焦点[1]。

一方面，经济活动更多的是人际互动的过程。在波兰尼那里，经济行动是一种制度化的社会进程，而格兰诺维特则认

---

[1] 庄西真. 地方政府教育治理模式改革分析：嵌入性理论的视角[J]. 教育发展研究, 2008 (21): 7-10.

为，经济活动更多的是人与人之间互动的过程。以此为推演，格兰诺维特认为，不仅仅是经济行动，任何一种社会化活动都是互动的结果，米德的"主我"与"客我"之自我理论揭示的也正是这一点。自我是一种持续发展的过程，它不是一种天生的特性，而是在社会环境中不断演变和发展的结果[1]。这样看来，所谓嵌入性就是指一个社会化的主体所从事的相异性质活动时存在的内部关联，它们涉及的是一个主体的两个不同方面的性质，嵌入必然发生在两种相异性质或者多种性质事物之间。

另一方面，人际是一种相互间的网络构成。行动主体的行为不可避免地和社会网络发生关联，并受到社会之网的约束。塑造生活方式的工具包括许多由社会提供的资源和形式：在它们当中，最基础的是语言，但还有其他私人机构，尤其是社会认同所产生的伦理以来。[2] 同理，其他行动一样也是在社会之网中生成的，并受社会之网的影响和约束。此外，"信息传递"是嵌入性理论的重要承诺。格兰诺维特提出了一个著名概念——"弱连带优势"，这一范畴的提出为人际互动行为提供了新的分析维度。在格兰诺维特看来，一个团体内人与人之间的联系更为紧密，比如，一个伦理共同体或者一个读书会，这时的信息传递相对也是容易的。

---

[1] 米德. 自我、心灵与社会 [M]. 霍桂恒, 译. 北京：华夏出版社，1999：7.
[2] 阿皮亚. 认同伦理学 [M]. 张容南, 译. 南京：译林出版社，2013：7.

3. 多维度探究使嵌入性理论获得了丰富拓展

格兰诺维特的考察主要聚焦于经济行为与社会间的嵌入性关联，但除了经济行为以外的其他行为也都是嵌入社会关系背景中的，对此，格兰诺维特之后的学者不断地进行深入研究和探讨，使嵌入性理论获得了丰富的拓展。后来的研究者明显感受到，嵌入性理论完全可以作为一种分析问题的方法而存在，它能够解释许多的社会行为。于是，这些研究人员分别从不同的角度对嵌入性理论进行了多维度的划分（如表2-1所示）。

表2-1 嵌入性理论多维度划分类型表

探讨者	划分类型	主要观点
格兰诺维特	关系嵌入（relational embeddedness）	基于互益预期而产生的双向互动关系
	结构嵌入（structural embeddedness）	网络参加人互相之间的多维度结构
祖京迪马吉奥	结构嵌入（structural embeddedness）	行动主体的活动受到网络结构的约束和影响
	认知嵌入（cognitive embeddedness）	行动主体在面临选择之时受到外在环境以及固化思维的限制
	文化嵌入（cultural embeddedness）	行动主体在开展经济等活动时受到以往传统观念、规范、宗教、区域文化等的影响
	政治嵌入（political embeddedness）	行动主体的行动受到其所处的政治环境、政治结构、权力体制等的制约

续表

探讨者	划分类型	主要观点
哈哥多	环境嵌入（environmental embeddedness）	组织行动受到国家运行特征和产业特征的影响
	组织间嵌入（interorganizational embeddedness）	组织行为受到网络复杂环境、关系媒介、合作空间的影响
	双边性嵌入（dyadic embeddedness）	组织行为受双方合作组织相互关系的影响
海里、拖恩卢斯	垂直嵌入（vertical embeddedness）	组织行为受到网络之中相异层级之间关系的影响
	水平嵌入（horizontal embeddedness）	组织行为受到某一个特定网络环节中的成员之间的关系的影响

（三）嵌入性理论对服务区域经济的指导

格兰诺维特聚焦于经济行为与社会间的嵌入性关联，使我们明显感受到，嵌入性理论完全可以作为一种分析问题的方法而存在，它能够指导和启发许多的应用型高校的社会服务行为。嵌入的可能性源于它们之间的共同特征，而嵌入的实际意义则取决于它们的稳定性，最终目的是通过它们的结构和路径，实现自身或整个社区的融合发展。可以说，嵌入性理论已由开始的简单框架走向具有普遍指导意义的方法论。应用型高校服务区域经济建设嵌入的对象是其所处的外在环境，包括社会环境、政治环境、经济环境以及文化环境等，也正因为高等教育嵌入受到外部环境的影响和制约，我们才要更加关注高等教育运行与社会、政治、经济等各环境因素间的关系。因此，嵌入性理论不仅影响人们的思维方式，而且对应用型高校服务区域经济建设的行为走向，具有开创性的指导作用。

首先，高等教育在国家政治层面的嵌入体现在高等教育制度及政策为高等教育的持续发展提供制度性捍卫，为高等教育活动展开提供规范性与制约性导引。应用型高校的发展对于区域经济的发展至关重要，它们不仅需要培养出具有良好科技、文化素养的专业人才，还需要借助经济、政治、文化等多方面的优势来推动经济的发展。新时期，应用型高校智库的作用越来越受到重视。根据嵌入性理论，高校的智囊团有责任在战略分析、政策咨询、人才培育、舆情控制和公众参与等领域，为各级政府和企业的科学决策提供优质的智慧支撑。

其次，高等教育在经济维度的嵌入以二者的相互作用为表征。一方面，经济的发展为高等教育推进提供资源性准备，经济发展水平与高等教育发展水平呈梯度正比关系；另一方面，高等教育水平的提高又可为经济发展提供人力资源。应用型高校的发展与区域经济社会的发展形成一种紧密的联系，它们之间的互动和共生关系使得政府、高校、企业三方能够建立起一种有效的合作机制，从而更好地推动区域经济的发展。聚焦于经济行为与文化传承间的嵌入性关联，应用型高校在传承创新中华优秀传统文化方面大有可为。比如，某应用型高校借助"一带一路"倡议中国文化对外输出的"天时"，借助自身丝绸文化资源丰富的"地利",乘势而为,推进跨国文化交流,收获产业经济利益及其所带来的文化价值,为区域经济建设增强软实力。

最后,高等教育在社会方面的嵌入表现在高等教育的"结构性嵌入",即施教者与受教者等主体之间结合后构成的高等教育与社会结构。嵌入性理论认为,人与人之间的关系是一种相互间的网络,而内生经济增长理论告诉我们,资本、非技术劳动、人力资本和新思想都是生产要素,这些要素间都不可避免地和社会网络发生关联,并受制于社会网络的约束。对此,应用型高校服务区域经济过程中,要处理好一个巨大的系统工程,包括办学理念、学科专业设置、人才培养模式、师资队伍建设以及学校内部管理体制转型等。它需要借助"桥"方能实现,也就是说,巨大的系统工程之间的联系需要以一个团体内的个体与另一个团体内个体的联系为前提,如果没有这种关联,这个联系就可能是薄弱的,即格兰诺维特提出的"弱连带"。"弱连带"越丰富,信息传递也就越快。区域经济团体和高校团体之间的"弱连带"越多,嵌入就越紧密,其服务区域经济的能力就越强。

从上述三方面看,高等教育本身与社会以及国家存在深度的嵌入关系。然而,现象中,高校与区域经济在发展中经常出现脱嵌现象,即高校没有真正融入区域化发展运行之中,区域经济建设也没有能真正嵌入高校发展之中,二者在运行中出现了脱节，尚未形成无缝对接关系。高校本来就是区域经济建设的一个重要组成部分，但其往往脱离了社会运行规律而"孤立"成长。因此，运用嵌入性理论有利于高校真正地回归区域经济，同时促进经济社会发展。

五、利益相关者理论

（一）利益相关者理论提出的背景

利益相关者理论是20世纪60年代左右在西方国家逐步发展起来的，20世纪80年代以后其影响迅速扩大，并开始影响美英等国的社会组织的治理模式选择，促进了组织管理方式的转变。利益相关者理论是研究组织与各利益相关者之间关系的学说，它强调组织对所有利益相关者负责的观念。利益相关者理论的出现有其深刻的理论背景和实践背景。利益相关者理论立足的关键之处在于：它认为随着时代的发展，物质资本所有者在组织中地位呈逐渐弱化的趋势。[1]

（二）利益相关者理论的主要观点

"利益相关者"这一词最早被提出可以追溯到弗里曼《战略管理：利益相关者管理的分析方法》一书的出版，该书中明确提出了利益相关者管理理论。利益相关者管理理论是指社会组织的经营管理者为综合平衡各个利益相关者的利益要求而进

---

[1] 张永强. 工程伦理学［M］. 北京：高等教育出版社，2014.

行的管理活动。该理论认为任何一个社会组织的发展都离不开各利益相关者的投入或参与，组织追求的是利益相关者的整体利益，而不仅仅是某些主体的利益。

1963年斯坦福大学研究所第一次对利益相关者进行了定义："利益相关者是这样一些团体，没有其支持，组织就不可能生存。"这个定义在今天看来是不全面的，它只考虑利益相关者对组织单方面的影响，并且利益相关者的范围仅限于影响企业生存的一小部分。但是，该理论让人们认识到，组织周围还存在其他影响其生存的群体。随后，瑞安曼（Eric Rhenman）提出了比较全面的定义："利益相关者依靠组织来实现其个人目标，而组织也依靠他们来维持生存。"[①] 这一定义使得利益相关者理论成为一个独立的理论分支。这种定义表达了这样一种观点：组织生存与发展离不开利益相关者的支持，组织要为自己的行为对社会及其利益相关者的影响负责。

企业利益相关者理论认为，传统企业主流理论的基本原理在于，发展制度和治理结构使管理者激励机制和股东的利益一致。这种机制保证股东的首要地位，但没有给企业在任何意义的方面留下考虑其他非股东群体的利益，即使在某些情况下管理者被允许考虑其他群体的利益，这种考虑也是在满足股东需要的基础之上的。而一些理论家认为，组织生存和发展是股东

[①] 苗泽华，王彦博，闫丽平. 企业社会责任与伦理文化研究［M］. 北京：企业管理出版社，2020：52.

和非股东利益相关者共同努力的结果。因此，他们提出了利益相关者理论，将组织的作用扩大到包含外部的和内部的除股东外的其他群体。

由此可见，利益相关者理论是用以考量组织与社会之间实然和应然关系的分析工具。利益相关者研究主要有三个主题研究方向：第一，描述性的，描述了组织与具有不同利益和需求的广泛群体之间的相互作用；第二，工具性的，探讨组织的社会责任活动与组织内部如盈利能力、收益、投资回报等其他绩效参数之间的关系；第三，规范性的，所有的利益相关者都有其应有的合理利益，组织都应该考虑在内。

组织社会责任的研究也是聚焦于组织与社会及利益相关者的规范关系。因此，利益相关者理论与组织社会责任存在紧密的关系，两者互为理论基础。学者在研究社会责任的问题时往往离不开对利益相关者的识别与分类，而学者对利益相关者理论的研究也往往要以社会责任内容为论证基础。

（三）利益相关者理论与大学社会服务

高校处于一个开放的社会大系统中，其发展离不开高校众多利益相关者的支持，高校的各项活动也对社会及利益相关者产生广泛影响，因此，高校是典型的利益相关者组织。我国经济学家张维迎也认为，高校是一个非营利性学术组织，众多利益相关者都承担一些责任，没有严格意义的股东，没有人能够获得高校的剩余利润。

根据弗里曼的定义，高校利益相关者就是指受高校影响，其行为又影响高校的群体。西班牙学者尼贝纳·特若卫瓦认为，高校利益相关者就是那种对组织而言代表某种机遇或威胁的个体和组织。

高校社会服务的研究也是聚焦于高校与社会及利益相关者的规范关系。因此，利益相关者理论与高校社会服务存在紧密的关系，两者互为理论基础。学者研究社会责任问题往往是对高校利益相关者社会责任内容的分析，也可以说，众多利益相关者的期望和要求规定了高校社会责任，高校社会责任就是履行对大学利益相关者的社会责任，高校应当尽最大可能地满足高校利益相关者的期望，从而担负起广泛的社会责任。因此，借鉴利益相关者理论，在利益相关者视野下研究高校社会服务具有重要意义。

第三节 应用型高校社会服务的时代使命

在新时代，高校应以开放的心态、勇于创新的精神，为社会提供更加优良的服务，以满足时代的需求。当前，我国经济增长方式和区域经济建设模式正处于转型时期，与之相对应的应用型高校也处于新的发展阶段。在这一背景下，应用型高校与区域经济建设的关系越来越紧密。应用型高校的发展与区域经济社会的人才、科技、文化等息息相关，促进区域经济社会发展，必将成为应用型高校转型与发展的重要动力。这也是应用型高校与区域建设相互促进、相互制约的客观规律。

一、高校社会服务职能的历史思考

高校是从属于社会的服务机构，它应社会需要而产生、发展和逐步完善，社会需要决定高校的发展方向、目标、规格与规模等。社会经济的不断发展使高校与社会的分界日渐模糊，从这种意义上说，高校的根本职能就是为社会服务，为现实或将来服务。

高校社会服务职能包括间接社会服务（人才培养和科学研究）和直接社会服务（通常所谓的社会服务）。纵观高校发展史，可以看出，高校社会服务职能经历了一个由单一到全方位、由片面局部到整体综合的过程。因为，在不同的历史发展阶段，社会对高校的期望和高校职能的社会化程度是不同的。因而，高校社会职能实际上经历了一个从人才培养到人才培养和科学研究，再到人才培养、科学研究和直接社会服务的嬗变过程。

在过去，高校和社会生产生活实践的联系并不十分紧密，学校只是"传道、授业、解惑"的教学场所，高校的部研职能尚不显现。到了现代社会，生产的科学化、技术化程度逐渐提高，高校和生产部门的联系、合作日趋频繁和紧密。它对社会经济的参与意识和渗透能力、对社会生产的制约或促进作用日趋强大，而社会也要求高校利用其高技术、高智力优势为生产部门服务。也就是说，社会对高校的期望值和高校职能的社会化程度均已相应扩大。这时，高校单纯发挥其人才培养职能显然远远满足不了社会需要。只有开发其科研职能，即通过科研成果转化为技术生产力，间接地促进社会发展，才是高校继续发展的良策。高校社会职能向多样化、综合化方向转变。

在当代社会，教育面向现代化、面向世界、面向未来。高校和社会各子系统处于全息对应和联系之中，两者逐渐相融为一个有机整体。社会主义商品经济的发展，商品经济所特有的竞争机制、效益原则和平等观念、时间观念等向高等教育领域的渗透，社会上技术市场、人才市场对高校的冲击，激发了高校对社会经济、政治和文化的全方位的渗透意识、参与意识。高校社会职能日趋全方位化，这要求高校必须走出"象牙之塔"，发挥其全方位社会服务的整体职能。因而，高校的一种新的社会职能——直接社会服务职能应运而生。高校直接社会服务职能不仅仅指有偿社会服务，如成果转让、科技协作、委托培养或联合办学，而且也包括除人才培养和科学研究之外的其他直接而无偿的社会服务。直接社会服务并不是高校社会职能发展的终结，随着社会经济的发展，高校可能会产生新的社会职能。社会需要自始至终决定着高校全方位社会服务职能的跨度和限度。而全方位社会服务是发挥高校整体职能的契机，其最终目的旨在建立高校社会职能的新格局。

二、经济社会发展对应用型高校人才培养的需求审视

(一) 新型智库建设需要应用型高校智力支撑

服务区域经济建设是应用型高校的重大责任与使命，应用型高校以其相对独立性成为区域新型智库建设的重要基地。"智库"（think tank）一词起源于古希腊，它旨在帮助决策者和相关部门做出更明智的战略抉择。高校智库在各类智库中占据重要地位。美国拥有目前1828家智库，其中高校智库的数量达到了75%，并且位列世界高校排行榜的50位之列。[①]

随着社会的不断变化，2014年2月，教育部发布了《中国现代化大学智库发展推动行动计划》，明确了高校智库在实现教育发展、推动高等教育改革创新、推动高等教育公共服务、提升高等教育质量、推动教育创造等方面的重大责任。2015年1月20日，中共中央办公厅、国务院办公厅印发《关于加强中国特色新型智库建设的意见》，为全国各行业的智库建设指明了前进的道路，明确了其重点任务和基本准则，并为高校智库工作的发展和改进制定了明确的指导性文件，以推动其健康、有效运行。高校应利用校园的多元文化、丰富的教育经历以及开放的沟通渠道，加强高校智囊团队建设，积极探索更加

---

① 杨静，陈赟畅. 协同创新理念下高校新型智库建设研究 [J]. 科技进步与对策，2015（7）：7-11.

有效的方法来更好地满足公众的需求。

1. 区域新型智库建设的重要意义

一个地区的成长需要经济、社会、文化等多方面的综合努力，才能实现真正的发展。具有地方特色的区域新型智库是地区软实力的重要组成部分，并逐渐成为区域竞争力的重要因素。区域新型智库的出现，不仅极大地提升了区域治理的效率，更为区域的发展提供了有力的支撑，它们不仅在公共外交和文化交流中发挥着重要的作用，同时也促进了区域文化的国际传播，提升了区域的国际影响力，从而塑造出更加美好的区域形象。

2. 应用型高校在智库建设中的优势特色

智力资源是一个国家、一个民族发展的基础，应用型高校应当积极投身于现代化建设的进程，为实现党和政府的宏伟目标提供有力的支撑。应用型高校在智库建设中具有得天独厚的优势条件。

应用型高校办学定位主要是为地方发展培养高级人才，紧密围绕地方产业转型开放、社会建设和基本公共服务等发展机遇，实现与地方创新要素资源对接，与产业集聚区创新发展对接与行业企业人才培养和技术创新需求对接，形成学校和地方经济社会的联动发展格局，建立学校与地方政府、行业、企业人才互通、成果互惠的发展共赢机制。同时，智库平台能有效整合校内外优势资源，实现研究成果的有效快速转化，凸显应用型高校特色，引领应用型高校人才培养与市场需求对接，促进产教融合，促进高校人才培养机制与方法的提升。

3. 应用型高校在智库建设中潜力巨大

目前，我国应用型高校占普通本科高校总数的80%以上，是我国高等教育的重要组成部分。[①] 尽管应用型高校的数量占比较大，但其对于社会的贡献却远远落后于部属高校。从当今的角度来看，我国大多数应用型高校都还没能实施完善的智库建设计划，没能充分利用自身的资源，也没能进行完善的智库建设改革，从而使得大多数应用型高校的社会服务质量无法得到充分提升。《关于加强中国特色新型智库建设的意见》强调，各级党委和人民政府应将人才视为智库建设的重点，制订高端人才培养计划，促进党政机关与智库内部的有效流转，鼓励智库专家学者到党政部门担任重要职务，以提升智库建设的效率和质量。

可见，当前应用型高校在智库建设中尚有巨大潜力有待发挥，亟须通过深化地方智库人才岗位聘用、职称评定等人事管理制度改革，完善以品德、能力和贡献为导向的人才评价机制和激励政策，探索有利于智库人才发挥作用的多种分配方式，建立健全与岗位职责、工作业绩、实际贡献紧密联系的薪酬制度。应用型高校要主动参与区域特色新型智库高端人才的培养

---

① 高水平应用型大学建设研讨会举办24所高校共同发出"宁波倡议" [EB/OL]. 中国日报网, 2023-10-24.

与输出,构建反应快、有创新、跨学科的智库。通过智库团队的优化组合,提升应用型高校人才使用效率,为区域经济和文化建设聚好才、用好才。

(二)应用型人才需要应用型高校侧重培养

应用型高校拥有服务区域经济建设的优越地理位置,区位优势是应用型高校生存和发展的根本所在,也是应用型高校提升影响力与竞争力的基础。应用型高校致力于培养具备创新精神、实践能力和实践技能的人才,以满足当地经济社会的发展需求,为地方经济发展提供强大的支撑力量,这是一所高校必须坚持的方向和职能。

1. 应用型人才培养由应用型高校办学模式决定

应用型高校旨在培养出符合当地经济发展需求的有用人才,这些人才既要有专业技能,也要有操作技能,这些人才与传统的学术型人才不同,他们将在服务区域经济建设方面发挥重要作用。应用型高校侧重培养应用型人才,是由历史原因和具体实力等因素决定的。相对于部属高校,应用型高校在办学传统、学科建设、师资力量、生源层次、培养水平等方面,主要是依据区域经济或者产业结构的某些学科,培养了部分学术型人才,但从数量上或整体上看,还很难培养基础性强、综合水平高的学术性人才,来带动其他新兴应用学科的整体发展。因此,应用型高校应该以应用型人才培养为主,或"侧重"培养应用型人才。

应用型人才是主要从事非学术研究工作的实际操作者，其主要任务是进行社会性操作运用，将理论知识应用于实践。由于应用型高校具有区域性特点，只有注重理论与实践相结合，与区域经济建设的要求相对接，才可以对各种应用型人才需求进行细化培养。所以，应用型高校在人才培养模式上，应依据区域和层次来明确定位，找准区域经济建设人才的现实需要。

2. 应用型人才培养是区域经济建设的现实需要

应用型高校生存与发展的基础，就在于能为区域经济建设培养出适应性人才。鉴于当今全球范围内的经济一体化以及高校改革的不断深入，应用型高校应注重培养具有实践能力的复合型人才，以支持地方经济的可持续发展。但与快速发展的区域经济相比，目前劳动力市场存在应用型人才，尤其是技能型人才短缺的严重问题。实践表明，要想生产出优质的产品，除了拥有优秀的设计师之外，还必须拥有优秀的操作技工。拥有高素质技能人才的国家和地区，其经济发展的速度将会更快、更稳定。所以，在转型升级、应对人才短缺危机的当下，加快技能型人才队伍建设尤为紧迫。因此，应用型高校应根据区域经济的发展需要，拓展紧缺技能人才的培养与培训领域，调整专业方向和教学内容，抓好紧缺技能人才培训示范基地建设，加快应用型人才的培养步伐。

此外，区域企业人才的继续教育，也需要应用型高校大力支持。应该说，应用型高校拥有高层次专家和学者，拥有较为先进的教学资源和设备，完全可以利用自身的设备优势、人才优势、信息优势和区位优势，为企业提供继续教育的有利条件。与此同时，应用型高校成为区域企事业单位培训基地，同样也获得更多合作共赢的机会。

三、区域经济建设对应用型高校科学研究的需求省思

知识经济时代，区域经济建设为应用型高校提供了技术支持的发展空间，有利于应用型高校促进成果转化。应用型高校的区位优势，表现在能够及时掌握区域经济建设的动态，这也是形成应用型高校科研特色以及促进成果转化的重要途径。

（一）促进成果转化需要应用型高校技术支持

科学研究是高校又一重要职能，但是应用型高校的科学研究有别于部委所属高校的科学研究。该特点主要表现在，应用型高校科研主要面向区域的现实问题，根据区域经济建设的需要进行选题合作，将重点投入实际应用领域，为促进成果转化提供技术支持。区域经济建设对应用型高校科学研究的需求，不只是应用型高校异于部委高校的科研分工，也是应用型高校办学理念的具体呈现，还是应用型高校获得区域社会支持的重要抓手。如果说，基础研究不考虑应用的纯科学探究，是对普遍知识和基本规律的理解，那么，应用性研究则明确以创造或研发新产品、新技术、新方法等为目标，有目的地解决一些实际问题而提供技术方法的研究。

纯粹科学探究训练，能深刻地影响我们的思维方式，而应用科学研究则深刻地影响我们的行为走势。从高等教育实际出发，由于部委所属高校基础学科齐全，科研实力雄厚，能在基础学科研究领域产生重大的科研成果；而应用型高校起步较晚，学科基础比较薄弱，要承担重大基础研究项目显然力不从心。由于应用型高校区域服务范围明确，与地方政府和区域经济联系便利，在学科、专业等方面设置灵活，合作机会多，互惠共赢可能性大，因此，服务区域经济的优势明显。应用型高校是一个区域内人才、知识、信息资源的聚集地，有着推动区域经济建设的技术优势和技术潜力。因此，一方面，应用型高校应将科研主要内容和科学研究重点放在服务区域经济建设的应用性领域；另一方面，应用型高校应积极主动承接部委高校的研究成果，并将其转化为区域经济建设的应用成果。

（二）产学研合作需要应用型高校协同推进

所谓产学研合作，就是高校、科研机构、地方及企业按照"全面合作、资源共享、互惠互利、共同发展"的原则，进行科学技术、人才培养、经济建设等方面的合作，是技术创新上、中、下游的对接与结合，符合社会生产力发展和技术创新的规律。《现代汉语词典》中"协同"的解释是各方面相互配合或甲方协助乙方做某事。各方面的协调协作形成拉动效应，推动事物共同前进。对事物双方或多方而言，协同的结果使个体获益，整体加强，共同发展导致事物间属性增强，向积极方向发展。

与区域经济融合是应用型高校先天具备的优势。由于立足地方，了解区域经济发展的需求，又经过较长时间的发展，应用型高校往往建立起了与区域经济相融合的科研团队，在某些领域形成了自身的特色，具备了服务区域经济的能力。应用型高校不仅具有一定的科研实力，能够利用自身科研优势为企业服务，还可以为企业提供源源不断的科技人才，为企业培训各类人员，提高员工劳动素质。深入开展产业与教育的融合，可以更好地促进科技的发展，并将其转变为实际的经济社会价值。这一过程在推动应用型大学的发展中起到了至关重要的作用。应用型高校把学术性知识转化为产业性知识，不仅推动了区域经济建设，而且也可以解决科研经费问题。

产学研合作需要应用型高校协同推进。首先，产学研需要应用型高校之间进行深度融合，提升协同创新能力。通过加强各学科的交叉融合，构建一个具有竞争力的科研平台，并建立一个共享的网络体系。其次，产学研需要应用型高校进一步加强与科研院所、企业之间的融合，进行协同创新。例如，开展多主体、多层次、跨学科的联合技术攻关，实施产业集群与学科集群的对接。最后，产学研需要应用型高校加强与其所属行业直接相关的地方政府的深度融合。针对产学研合作过程中遇到的诸如信息不畅、资金短缺等问题，充分发挥地方政府的引领扶持作用。

四、区域文化发展对应用型高校文化传承与创新的需求考察

应用型高校往往是区域文化交流的窗口，是区域文明的辐射源，并因此深受地方政府的重视，备受社会各界的关注。在服务区域经济建设过程中，应用型高校以服务区域经济建设为导向，力争成为传承、创新、引领地方文化的思想库，构建地方先进文化的推动者，服务区域终身学习的主力军。地方先进文化的传承、创新与引领，需要相应的载体，而应用型高校所承担的基本职能，决定了其能够成为这一载体。随着区域经济的发展，应用型高校不仅要为当地经济做出贡献，还要肩负起传承、创新和引领当地文化的重任，这是当今时代赋予它们的一项全新的历史使命。应用型高校作为传承与创新地方文化的重要载体，一定要变被动为主动，彰显自身价值，成为推动地方先进文化的中坚力量。

（一）区域文化产业发展需要应用型高校文化传承与创新

应用型高校已经成为区域经济建设的主阵地，同时也是衡量地方文化高度的重要基准之一。应用型高校与其他类型高校相比，不仅在生源、师资以及校园文化方面表现出来的地方特色更加鲜明，而且作为区域文化发展传承与创新机构，发展区域文化产业具有独特的区位优势。应用型高校与所在区域的文化资源联系最为紧密。

首先，不断汲取新思想和新理念来传承与创新。当前，应

用型高校与区域经济社会互动发展已成为一个主要趋势，并且在知识经济时代，应用型高校对区域经济社会发展的作用进一步加强，知识、知识型人才、文化等无形资产是知识经济的核心和生产要素，这也正是应用型高校生产这些要素的集聚地与辐射源。在长期的办学过程中，应用型高校不断汲取地方文化的精华，不断创新为区域社会提供新的文化要素，引领区域文化的发展。应用型高校应秉持传统文化的精髓，勇于探索新的文化发展模式，积极拥抱时代变革，不断汲取新的思想、理念和理论，以此来培养出具备创新精神、创新能力以及专业技术的人才，使其成为区域文化建设的支柱，推动区域经济社会的可持续发展。

其次，以发展区域自然资源产品来传承与创新。尤其在自然科学的学科建设方面，应用型高校要积极开展具有区域特色的科学研究，充分开发区域独有的自然资源产品，使学科建设具有一定的区域品牌特色。应用型高校在开展区域自然资源特色的学科研究方面，具有较强的独特性和不可替代性。不管是通过改变农业产品组合、完善产品品种、开拓独特的产品市场，还是充分利用当地的资源环境，推动农产品的安全性、可持续性，以及建立"区域品牌"，这些措施都将为农产品的市场带来更大的活力与持久性。

最后，以研究区域文化产业来传承与创新。区域经济建设是应用型高校科学研究的宏观调控因素。应用型高校的人才培养和教师课题研究的重点应放在当地的经济发展上，而当地的经济发展又离不开人才的培养和科技的创新。因此，当地的经济发展水平将直接影响应用型高校的学科建设。由于自然资源、交通资源、人文资源的差异，不同区域形成了各自不同的经济活动，各地的文化产业也各具特色，而特色鲜明的文化产业是区域经济的重要组成部分。所以，在学科建设中，应用型高校要充分利用区域文化产业这一重要的学科建设资源，开展区域文化产业研究，促进区域经济建设。

总之，应用型高校应通过深入探索、创新性思维、科学发展，推动地方文化发展，构建各具特色的地方文化产品，推动地方文化产品的创意与制作，激活地方文化的创造动力，以及培养高素质的专家学者，以期更好地支撑区域的发展。吉林省拥有31个高校民族文化发展研究中心，这些中心将结合当地的文化特点，深入探索萨满文化、红色文化、农耕文化等，从而推进中国文化的传承和革新。

（二）区域文化消费需要应用型高校文化传承与创新

在"文化化人"过程中，应用型高校应立足地方，密切联系区域群众，并积极配合地方政府，建立多样化的文化消费基地，传承与创新地方特色文化。诚然，传承与创新区域文化离不开文化消费，文化消费是应用型高校传承与创新文化的基础，由此，应用型高校可以根据自身的办学理念、校园文化积淀对区域文化进行传承与创新。

第二章 应用型高校社会服务的理论基础与时代使命

首先，应用型高校在消费文化环境下传承与创新。进入中国区域发展战略，经济与经济之间的竞争，更是文化与文化之间的竞争。尤其是进入中国城市群建设和区域一体化发展新格局阶段，文化消费往往是体现一个地区竞争力的重要因素。推动区域经济建设，既需要有现代化的农业，也需要有现代化的工业，更需要加强文化消费的建设。应用型高校在服务区域经济建设中，应主动投身文化消费与文化产业的传承与创新中。理念是创新的内在动力，正是由于高校包括应用型高校在内，文化消费氛围营造了文化传承与文化创新的良好环境，因此，应用型高校可以在文化消费的环境下，依据自身的价值观适当植入新的文化和理念，对区域文化和文化产业进行重新整合与创新。

其次，应用型高校要承担起促进区域文化消费的重任。应用型高校致力于培养具有创新精神的人才，推动科学研究，提供社会服务，并将文化传承和创新融入其日常运营之中，这是其基本职能所在。高校是文化高地，区域文化消费需要应用型高校的主导与引领。一方面，在区域经济建设过程中，应用型高校肩负着不可推卸的地方文化传承与创新的历史责任，应用型高校作为我国高等教育新的增长点，拥有人才、科研、信息等方面的先天优势，可以让区域文化消费朝着更加先进的方向发展；另一方面，应用型高校也要转变观念，充分认识到只有在主导文化产业消费的过程中，才能拓展自己的生存和发展空间。

（三）区域文化交流需要应用型高校文化传承与创新

文化交流在一个地区的发展程度可以通过应用型高校来衡量。区域文化是一个动态发展的过程，反映当地群众的利益和要求，体现着区域社会对真善美的诉求。在学科建设、专业培育、课程设置及校园文化交流过程中，都能够较好地嵌入与融进区域内的优秀文化品质、人文关怀等文化元素，并同时利用区域内的人才资源、知识资源和信息资源，挖掘与培育区域性的新知识、新思想和新文化。

首先，以研究区域文化特色进行区域文化交流。科学研究离不开文化交流，应用型高校所处的区域文化氛围，有利于其建设特色学科。区域文化特色是宝贵的区域文化资源，利用区域文化特色创设特色学科、开展特色学科研究，不仅可以提高应用型高校在学科建设方面的竞争力，还可以促进区域特色文化的传承与创新。

其次，通过人才的文化多样性进行区域文化交流。一方面，应用型高校的教师来自五湖四海，学生也基本上来自全国各地。来自不同的地区的教师和学生在观念、习俗、文化上存在着较大的差异，区域人才在这样的氛围环境中，势必形成独特的文化特性。区域人才的聚集既有利于文化的相互交流与整合，又有利于人才培养体系的改革与创新。另一方面，由于应用型高校所在区域特点和经济结构等差异，区域人才的文化性差异也十分明显。应用型高校可以从中提炼出新的文化元素,从而推动区域社会和文化产业的发展。因此,应用型高校在人才培养上,尤其是在地方课程和校本课程的开发上,不仅要充分考虑当地人才的文化多样性,还要融入新的文化理念和价值观,以培养出具有多元文化视野的人才,从而推动区域文化的交流与融合。

最后,吸纳健康有益的文化进行区域文化交流。将区域健康有益的文化纳入教学与科研活动中,从中获得营养和力量,促进校园文化与区域文化的深度融合,实现区域文化的内生转化。应用型高校应发挥其文化辐射作用,不断输出新思想、新理论,发挥高校高道德水准和高文化品位的人才优势,增强先进文化的影响力,提高地方百姓的文化素养。刘理强调,作为一个具有重要意义的机构,大学应该肩负起推动、维护、传播优秀文明的重任,以及培养具有开拓精神、勇敢担当的优秀人才来推动社会文明的持续发展。当今的高校肩负着更加积极的社会使命,它们不但要履行其传统的社会服务功能,还要推动和促进社会的文明进步,以及增强其他方面的素质,从而为社会的进步做出更多的贡献。[①]

---

① 刘理. 谈引领社会的大学职能[J]. 大学(学术版),2010(5):30-33,24.

第三章

应用型高校社会服务的动力机制分析

按照系统论的观点,高校是社会大系统的一个子系统,从各个维度全方位地折射、反映出社会关系和结构状况,且不断给出信息反馈,与社会整体保持功能和结构上的近似或相同,从而在高校与社会的协同作用中促进高校自身和社会的发展。从这个角度说,应用型高校实施社会服务的职能是由其自身结构决定的,也是社会发展的必然。

第一节 应用型高校社会服务动力机制构成要素分析

随着现代社会知识经济的迅猛发展,知识与科技的创新在经济发展和社会进步中的作用日益突出,这也对高等教育,尤其是对应用型高等教育提出了更多、更高的要求和期望。在此背景下,作为现代高校四大职能之一的社会服务出现了明显强化的趋势，甚至成为衡量现代高校的存在价值、决定其社会生命力的重要因素。

一、应用型高校社会服务动力机制构建的必要性

应用型高校往往分布在地级市以上的一、二级中心城市，成为当地的人才资源与科技文化中心。它们通过人才培养与科学研究为当地经济社会的发展提供了有力的支撑。但另一方面，随着社会主义市场经济体制的发展，尤其是在知识经济不断发展的今天，地方经济社会的发展给地方高校提出了如关键性技术创新、科技咨询与服务、管理咨询与信息服务、地方产业结构规划、地方政府决策支持、市政规划与管理以及环境保护等诸多全新的课题与要求。这些要求有待应用型高校通过其社会服务功能予以满足。

然而，我们相当多的应用型高校仍习惯于以培养人才、科学研究为主的传统运作模式，其社会服务功能的发挥非常有限，具体表现为以下几点：其自身的人才培养与科学研究都在一定程度上存在着与社会需求脱节的倾向；其了解社会需求、搜集市场信息的意愿与渠道仍较为缺乏，进行社会服务的积极性有待提高；其相对集中的人才、科技、设施与信息资源明显局限于高校本身这一"小系统"之内，无法有效地同包括其地方政府及各类企事业单位在内的"环境大系统"进行双向交流；其与地方企业、事业单位和地方政府进行合作的领域仍较

为有限，层次较低，缺乏进行全方位、宽领域、深层次合作所需要的常态化的制度保障体系；应用型高校的整体运作与效能发挥同当地的社会经济发展尚不能实现"无缝隙连接"。

显然，应用型高校若不能通过社会服务功能的发挥更好地为当地的经济社会发展服务，自然是既无助于地方高校自身的发展，也不利于当地经济与社会的发展。因此，必须着眼于地方经济社会发展的大局，同时借助政府干预机制和市场调节机制来理顺和协调好应用型高校、政府、企业三者之间的互动关系，并在此基础上，通过改革应用型高校的办学与管理体制、强化地方政府的引导与协调功能、构筑"企业—地方政府—地方高校"有机联系交流的平台、完善高校社会服务的内部结构与激励机制等涵盖宏观、中观与微观三个层次的多种途径来构建起地方高校社会服务的综合性动力机制。

从地方高校内部与外部两个层面上构建服务社会的动力机制，有利于提高应用型高校利用自身的人才、技术、设施与信息优势服务于当地的经济社会发展的积极性和实际效果。一方面，地方高校能够通过社会服务获取其发展所需的信息、人才与经费等宝贵资源，进而为其后续发展提供有力的资源支持；另一方面，当地的各类社会组织又能借助地方高校科教与信息方面的优势资源来克服自身发展过程中所遇到的知识、技术、信息及人才等方面的困难，促使自身更好地发展。换言之，地方高校社会服务动力机制的构建，将为地方高校社会服务功能的发挥注入强大的动力，促进地方高校科技、教育与服务同当地经济社会发展的深度融合，并最终形成当地经济社会与高等教育协调、同步发展的良性循环。

二、应用型高校社会服务的动力机制的构成要素

应用型高校服务社会的过程是多主体共同参与的过程，其社会服务动力机制的基本框架可概括为"两大部分、三个层次"。所谓"两大部分"，是指依据应用型高校社会服务相关内外因素的关系，将该机制划分为应用型高校社会服务外部机制和应用型高校社会服务内部机制。所谓"三个层次"，即指根据应用型高校社会服务动力机制的内在构成要素，由上到下、由大向小，划分为社会主义市场经济的"环境引力"、地方政府的引导"牵引力"和高校的内生源动力三个层次。"两大部分、三个层次"互相依靠，协调运作，共同发展。

（一）应用型高校社会服务的内部动力机制

应用型高校的内部机制形成了社会服务的"内生性源动力"。在高等教育领域的竞争日益激烈的今天，高校本身也同样面临着一个如何整合内外部的人才、知识、技术、经费和信息等资源来更好地促进自身发展的问题。应用型高校更是如此。在我国事业单位改革已全面启动的背景下，一般应用型高校本身较之中央部委所属的重点高校在政府的财力支持、政策倾斜、师资力量建设、生源保障和社会影响力等诸多方面已处

于明显的劣势，它们所面临的发展压力不言而喻。基于此，应用型高校就必然跳出象牙塔，利用自身的资源优势同周边"环境"系统中的各类社会组织进行合作，并从对方那里获取自己所需的人才、经费与信息等资源来促进自己的发展。例如，近年来，我国不少应用型高校为了缓解办学经费紧张的压力，纷纷同当地的银行和企业进行合作，争取地方政府的政策支持、银行的资金支持和企业的投资或捐助支持。应用型高校需要以社会服务的途径从地方社会获取资源以谋求发展。这种完全源于高校内部的内生性动力显然是应用型高校社会服务的主要源动力。

（二）应用型高校社会服务的外部动力机制

1. 应用型高校社会服务的"环境引力"

在当今以知识经济为特征的新的社会经济背景下，生产力的提高和经济增长越来越依赖于对知识信息的创新、处理、应用和整合的能力。而作为面向社会，竞争性地提供知识产品、教育培训和科技服务的社会组织，应用型高校在知识与技术的创新传播和应用等方面恰好拥有自己的比较优势。由此，包括地方政府、各类企事业单位等社会组织在内的当地社会对应用型高校也就不断产生新的期望和要求，要求高校为当地经济和社会发展提供直接服务，为其解决发展中所面临的问题。这种来自地方社会各类组织通过市场需求信息表现出来的对应用型高校的强力需求，则是应用型高校服务社会的"环境引力"。

它虽然是一种外生型引力，但也是应用型高校服务社会的强劲且持久的重要源动力。

2. 地方政府拉动应用型高校社会服务的"牵引力"

我国地方政府承担着组织和领导地方经济建设与社会进步的职能，有效发展地方经济、促进地方社会进步成为地方政府的首要任务。在这种背景下，地方政府往往会对整合地方的各类教育科技资源、构筑产学研相结合的平台为地方经济社会发展服务有浓厚的兴趣。例如，广东省一些经济实力较强的地级市就明确表达过兴办产权与管理权归地市所有的应用型高校的意愿；景德镇市政府在促进原轻工部陶瓷研究所、江西省陶瓷研究所、江西省陶瓷艺术工艺美术学院同景德镇陶瓷学院的机构合并与资源整合中也发挥了积极的倡导与引导作用。地方政府往往采取政策倾斜、税收优惠、财政支持等方式，综合运用行政、法律和经济的手段，积极地为应用型高校的社会服务提供全方位支持，客观上构成了应用型高校社会服务的强大牵引力。

随着我国高等教育的迅猛发展，我国应用型高校的规模和数量也在逐步增加，这种形势对传统的由地方政府举办和管理应用型高校的做法构成了强大的冲击。我国今后的高等教育会朝着中央宏观调控、地方行政管理、学校自主办学的方向发展，而且举办和管理应用型高校的行政权力有望从省级政府下移到地市政府这一级。同时，在国家允许和提倡吸收社会力量办学的政策引导下，社会各界投资于应用型高校也有望成为一股新的潮流。事实上，无论是我国高等教育理论界要求对现行应用型高校管理体制进行改革的呼声，还是在少数地方已经开始的改革实践，都表明今后由地方政府作为主要举办者和管理者、由地方社会力量作为补充的新型一般应用型高校管理体制极有可能成为主流。这种全新的应用型高校管理体制，将在促进应用型高校服务于地方社会方面发挥出其显性的制度"张力"。同样可以预期的是，伴随着这种全新的应用型高校管理体制的确立，应用型高校自身也将在办学理念、组织机构、运行机制及运作模式等内部管理的诸多方面进行相应的变革和创新，以适应其强化社会服务功能的客观需要。而应用型高校内部的一系列改革，也将为其社会服务提供组织结构和机制体制层面的动力。

第二节 应用型高校社会服务的外部动力机制分析

应用型高校作为当地社会中的一个子系统，在人才、知识和技术等方面拥有独特优势，而这些应用型高校所拥有的优势资源恰恰是地方经济社会发展所需要的关键资源。因此，一般而言，应用型高校为当地社会服务的主要方式就是依托自身的人才、知识和技术优势开展知识与技术的创新、传播和应用，为地方各类社会组织提供理论服务、科技服务、咨询服务和信息服务，进而推动地方经济社会的发展。因此，应用型高校社会服务过程的参与主体可分为政府、企业、高校和行业组织等，它们是高校社会服务重要的利益相关者，并且有各自的利益动力。

一、政府利益动力分析

政府代表人民利益并关注民意。政府的重点任务，包括维持国家的宏观经济安全，供给更好的公共服务，提供确保公平的竞争，完善维护市场社会秩序，实现可持续的发展和全民的繁荣，并解决市场经济的问题。[①] 关注民意和管理经济社会，是政府推动应用型高校深化社会服务的重要缘由，可以说，政府推动地方普通本科高校向应用型转变的直接缘由是解决大学生就业难问题和经济转型问题。2005年以来，随着高校的不断扩招，大学毕业生的就业困境日益严峻，这一现象已经成为全国各地的热议话题。

2012年开始，中国GDP年增长率保持在6%~8%的中高速增长水平，中国经济进入新常态。新常态下，继续保证国民经济持续稳定发展，必须转变经济发展方式，调整经济结构，

[①] 中共中央关于全面深化改革若干重大问题的决定（2013年11月12日中国共产党第十八届中央委员会第三次全体会议通过）[J]. 求是，2013（22）：3-18.

加快产业优化升级，坚持创新驱动发展战略，推进教育领域的综合改革。所以，从2013年起，政府开始推动地方普通本科高校向应用型高校转变，其主要目的在于解决大学生就业问题和促进经济发展。

中央政府及其教育行政部门（教育部）推动应用型高校深化社会服务的动力非常充足。一方面，中央政府及其教育行政部门是应用型高校深化社会服务的源地。2010年以来，中央政府积极推动应用型高校的发展，以促进教育与产业的融合，改善地方普通本科高校的发展状况。2013年，教育部更是大力推进部分地方普通本科高校的转型，将其转变为职业教育，以更好地满足社会对人才的需求。在中央政府及其教育行政部门的大力支持下，深入开展社会服务已成为地方普通本科高校实现应用型转型的核心任务、关键手段和重要组成部分，也是新常态下国家产业结构调整、经济社会发展的有力支撑。另一方面，中央政府及其教育行政部门围绕社会服务采取了一系列措施。2013年6月，应用信息技术高校（院校）协会正式建立，并与当地的高校合作，共建2014年春季"产教融合发展战略全球研讨会"，《高校》杂志应邀出版，为全国的高等院校、职业教育带来深远的影响。2016年年初，教育部学校规划建设发展中心发起"高等院校产教融合创新实验项目"，营口理工学院、兰州文理专科学校、河北少数民族师范学校、滇西技能院校、钦州院校等5个试点院校将产学研相结合，打造具备较强的区域竞争优势、独具一格的高等学府。

接下来，为了更好地支持经济、社会及各行各业，政府实施了"'十三五'产教融合发展工程规划项目"和"数据中国'百校工程'"产教融合项目，旨在加快人才、科技开发，创新应用，推动学术领域及行业发展，以提升教育为实现可持续发展做贡献的能力。

二、企业利益动力分析

企业是生产和交易的联合体，企业的目标在于最大化其利益相关者的利益。企业是典型的经济组织，经济利益是企业的核心目标，因此，企业的核心利益在于通过生产和交易最大化地满足其利益相关者的经济利益。从应然状态或理论上看，应用型高校和企业在人才培养、科学研究和社会服务方面进行广泛合作，可以实现优势互补、互利共赢。企业在资金、场地、信息和社会资本等资源占有上处于优势地位，应用型高校在知识技术创新、人力资本和社会服务方面具有优势。企业和应用型高校的合作，既有利于企业从高校获得人力资本、原创性知识技术和社会服务等资源，从而为企业带来产品创新、劳动力供给、咨询等利益，同时也有利于高校从企业获得办学资金、实习实践场地、生产实践经验等资源，从而拓宽应用型高校的经费来源，提高人才培养质量。企业和应用型高校的合作，是企业和应用型高校生存和发展的共同诉求，也是知识经济时代经济发展的核心力量,因为科技是第一生产力,校企合作正好可以实现科技创新和技术转化的良性循环。

三、应用型高校外部动力机制构建分析

(一)构建明确的宏观调控机制

宏观调控机制主要是中央、省(自治区、直辖市)两级政府及其有关部门对地市政府、地方经济社会与应用型高校的关系,以及对应用型高校开展社会服务的调控手段和方式,这种宏观调控是应用型高校参与社会服务的重要外部动力。

第一,建立健全中央、省(自治区、直辖市)、中心城市高等教育三级办学体制。教学、科研、人才培养水平的提高是应用型高校更好地为地市社会经济服务的基本条件和前提。鼓励应用型高校为地市社会经济服务必须鼓励地市高等教育的发展,调动地市政府举办、参与管理、统筹本地高等教育的积极性。在进一步完善高等教育由中央、省(自治区、直辖市)两级管理,以省(自治区、直辖市)管理为主的前提下,建立健全中央、省(自治区、直辖市)、中心城市高等教育三级办学体制,合理划分中央、省(自治区、直辖市)、中心城市(包括地市)在高等教育发展方面的权利,明确各自的义务、责任。

第二,中央及省政府应推动地市产(企业)、学(高校)、官(政府)、民(城乡居民)的结合与合作。美国首先倡导

产、学、官合作,日本又进一步发展为产、学、官、民的结合与合作。我国应该借鉴美国和日本的这一经验和做法。中央和省政府应通过各种途径和措施,大力促进地市产(企业)、学(高校)、官(政府)、民(城乡居民)多种形式的结合与合作。

第三,制定促进地市政府及地市企业、科研单位积极依靠和利用应用型高校人才和智力支持的政策和法规。我国大部分地市均分布着一定层次的高校,只有少量地市没有高校。地市政府、社会各行业要善于利用本地高校的人才,促进本地区、本行业的发展。把积极发展本地区高等教育,特别是依靠地方高等教育推动本地区社会经济发展的实绩,作为考核、任用地市政府公务员的重要内容之一,促使其真正重视应用型高校这个"动力源"。

第四,制定应用型高校为所在地市社会服务的评估体系。长期以来,我国对高校包括应用型高校办学水平和办学效益的考查和评估,主要限于对人才培养水平、教学水平、科研水平、办学基本条件的考查和评估,而对应用型高校的社会服务,对应用型高校在社会经济发展中的实际作用、影响的考查和评估还不够,有些地方高校对社会服务思想上重视不够,工作上措施不力。人才培养、科学研究、社会服务是应用型高校的三大职能,为地市社会经济服务是应用型高校的重要任务之一。应用型高校的办学水平主要体现在人才培养水平、科学研究水平上，社会服务也是应用型高校办学水平的重要体现，因此，在考核应用型高校办学水平时，应把社会服务列入考核项目。

第五，利用经济杠杆，引导应用型高校为地市社会经济服务。省（自治区、直辖市）对应用型高校拨款、支援，不仅要依据其办学规模、科研水平，而且应考虑应用型高校为所在地市社会的服务水平，以及在所在地市社会经济发展中的实际贡献这一因素，要善于利用经济杠杆，引导应用型高校主动为地市社会服务。同时，省政府与地市政府要立足于本市实际，制定出有利于应用型高校科技成果向生产力转化的政策和法规，对在社会服务中做出贡献的单位和个人予以奖励。

第六，扩大应用型高校办学自主权，建立与地市社会经济发展相适应的应用型高校办学机制和社会服务机制。地市社会经济结构的复杂性和地市社会文化的多元化，决定了对人才和社会服务要求的多样性。地市社会经济结构和文化内涵的不断变化，决定了对人才需求和社会服务的动态性。这就要求应用型高校学科专业设置在保持相对稳定的情况下，灵活地适应地市社会经济的结构及其形态的变化。这就需要在学科专业设置上具有一定的灵活性和自主权。

（二）建立合理的中观协调机制

中观协调机制主要探讨地市政府、地市社会、应用型高校三者在应用型高校开展社会服务方面的相互关系。地市政府对应用型高校社会服务的支持、协调与指导对应用型高校的改革与发展，对应用型高校开展社会服务具有重要作用，应用型高校是地市社会高层次人才培养、培训的重要基地，是地市社会理论创新、管理创新、技术创新的重要基地，是地市社会先进文化、先进思想、先进生活方式的传播、培育基地。在知识经济时代，地市社会经济的发展越来越依靠本地区高校及其他地区高校的人才、技术、信息、智力支持。为了充分发挥应用型高校在地市社会经济发展中的作用，把本地区的社会经济发展转移到依靠劳动者素质提高和技术创新上来，地市政府必须加强对应用型高校社会服务的协作和指导，并通过经济杠杆引导应用型高校为地市社会经济服务。

第一，地市政府及其所属机构直接与应用型高校协作与联合，对推动应用型高校的社会服务具有重要影响。

第二，地市政府及其所属机构支持或推动应用型高校与产业"联姻"。例如，由地市政府牵线搭桥，帮助应用型高校与企业、科研单位共建产学研基地；地市政府支持或推动应用型高校与产业联合共建科技园区；地市政府为应用型高校搭建社会服务平台，由地市政府牵头召开科技成果推介会，促进应用型高校科研成果的转化。地市政府要引导或推动地市社会与应用型高校建立各类协作组织，或建立应用型高校社会服务的中介组织。

第三，建立企业依靠应用型高校智力支持的机制或体制。

要通过行政手段推动企业依靠应用型高校的人才和智力支持，如依托应用型高校对企业干部进行培训；通过经济手段推动企业得到应用型高校的人才和智力支持，如建立应用型高校科技服务基金；对依靠应用型高校科技服务而提高的经济效益适当降低税率；对投入经费与应用型高校联合进行产品开发、技术改造的企业给予适当技术改造补贴；等等。

第四，通过经济手段，推动应用型高校科技服务水平。要使企业主动依靠应用型高校的社会服务，其根本的办法就是提高应用型高校科技服务水平和社会服务效益，提高应用型高校社会服务对企业的吸引力。对经济效益好的受企业欢迎的科技服务项目，政府可给予奖励；地市政府可通过追加科研经费、立项拨款等方式刺激应用型高校提高科技服务水平，鼓励在社会服务方面做出贡献的教学科研人员；地市政府可把应用型高校为本地区人才培养、科学研究、社会服务的实绩，作为经费投入或经费支持的重要依据，用经济杠杆引导、规范应用型高校全方位为本地区社会经济发展服务。地市政府要树立对应用型高校社会服务"项目培育"的观念，像"培植税源"那样进行扶持、养护，使高效益服务项目逐步形成规模，这实质上是培养了地市经济新的生长点。

第五，地市政府要对科技管理体制进行重大改革。我国现行的地市科技管理体制，特别是欠发达地市的管理体制，至今仍保留了严格的计划经济模式。财政每年划拨的科技经费通过科技局按政府职能部门一次性分配，对科技研究开发的作用十分有限。如果这些经费能够用于应用型高校参与主持的本地区经济发展急需项目的开发研究，无疑会发挥巨大效益。

第三节 应用型高校社会服务的内部动力机制分析

随着高等教育竞争的日益激烈，应用型高校面临着更大的外部压力，这些外部压力迫使高校主动求变，不断探索从社会服务中获取自身相对竞争优势的途径，主动协调自身行为，将外部压力转化为内部动力，完善高校内部对社会服务的驱动机制，努力提高整体社会服务水平。

一、应用型高校开展社会服务的整体利益动力分析

（一）稳固高校地位，扩大影响力

应用型高校在推动社会发展方面发挥着重要的作用，它们不仅需要提高自身的知名度，还希望赢得更多的社会认同，拓宽其影响范围，实现更多的社会价值，加强其科学技术开发与传播，以及不断完善其后备人员队伍，以便更好地为社会经济的发展做出贡献，从而获得更好的社会声誉。

（二）获取外界资源支持，实现可持续发展

应用型高校的长期稳定发展需要依赖于各种资源。例如，至关重要的人力资源，不仅为高校提供了活力，还为高校的长期发展提供了坚实的基础；需要有效的经济、技术、法律以及其他方面的支撑；同时需要各种文化和教育资源，包括培养优秀的品牌形象和扩大社会影响，这些资源之间有着密切的联系，彼此依赖，对于高校的成长至关重要。然而，由于多种原因，许多高校并没有能够独立获得这些资源的能力，必须依赖从外界获取资源。

服务社会能使应用型高校拓展资金来源渠道。除政府财政拨款和学费收入外，高校可以通过与企业合作开展培训项目、技术咨询服务等来获得相应的报酬，从而改善高校的教学设施设备。同时，社会服务也助应用型高校获取更多的人力资源和物质资源。在与企业合作的过程中，高校可以请企业家作为兼职教师，为学生传授实践经验；企业也可能会向高校捐赠实验设备、软件等资源，优化高校的资源配置，为高校的可持续发展提供有力的资源保障。

通过改进和完善社会服务，应用型高校不仅可以推进当地的经济增长，而且还可以满足本身的需求。

二、应用型高校开展社会服务的教师利益动力分析

应用型高校推进社会服务，其最终的实施者必然是高校教师，因而高校教师在开展社会服务过程中的利益诉求是高校社会服务内部动力的源泉。

从身份看，高校教师属于高层次知识分子，传播和创新知识以及提高精神境界是高校教师的职责与追求，所以比较注重求知和道德修养等精神需求的满足。同时，教师是教学的引导者，教师教学的对象是学生，教师在工作中接触最多的也是学生，教师希望获得学生的尊重。此外，应用型高校教师也希望获得物质需求的满足和个人利益的实现。

为了促进应用型高校的发展，需要让教师发挥其最大的作用。因此，在大力发展应用型高校的过程中，需要不断调整课程设置、完善课程管理、开展校外实践活动以及强化实践性的科学研究与试验发展（R&D），以此助力教师教育教学改革。为了满足当前的需求，教师需要不断调整教学方法，以适应行业的变化，并且能够独立地设计出有效的教学内容。改革教学方法，意味着教师要在很大程度上减少使用传统讲授法，更多地使用一些耗费时间、精力且难度更大的案例教学法、发现教学法、程序教学法和实验教学法等。参加校外培训，意味着教师要适应新的环境，放弃假期。侧重应用研究，意味着教师要慎重选择研究问题，将研究与生产实践相结合。为了更好地满足当地产业的发展需求，应用型高校应当积极调整学科专业设置，以期更好地提升社会服务水平。在调整专业的过程中需要取消一些与产业发展不相符的专业，从而可能导致被调整的教师"转业"或"失业"。虽然，从长期来看，教师与学生、学校休戚相关，应用型高校推进社会服务有利于提高人才培养质量，促进学生就业，增强应用型高校的市场竞争力，从而增加自身的福利——包括获得尊重、稳定工作、晋升职位和增加薪酬等；但是，从短期来看，应用型高校推进社会服务，增加了教师的时间成本，且没有为教师提供相应的奖励或补偿，降低了教师落实社会服务的动力。

三、应用型高校社会服务的内部动力机制构建分析

（一）导向机制

1. 社会服务与办学方向相一致

应用型高校社会服务是学校总体工作的组成部分。社会服务工作必须服从学校的总体工作布局。应用型高校社会服务要正确处理社会效益与经济效益的关系，坚持社会效益为主的原则。社会服务要有利于教学和人才培养，有利于科学研究水平的提高和教学科研队伍的建设，有利于学校总体实力的增强，有利于应用型高校办学沿着社会主义正确方向前进。

2. 社会服务与地市社会经济结构相一致

应用型高校社会服务要结合本地区社会经济需求进行学科专业、科研主攻方向的调整，引导教学科研人员结合本地区的社会经济问题、技术问题进行应用研究和咨询服务工作，使应用型高校的专业设置、人才培养、科学研究的方向最大限度地与本地区社会经济结构、社会经济发展方向相一致。

（二）激励机制

学校的激励机制主要包括两方面。首先是提供支持，要给教学科研人员开展社会服务提供时间、信息、经费、实验设施等方面的支持。其次是政策倾斜，要将参与社会服务的教学科研人员的实绩，作为晋升职称和工资级别、获得奖励的条件之一，教学科研人员的社会服务成果和业绩要以适当标准和比例折合计算工作量。

（三）平衡机制

社会服务要健康、高效发展，必须正确处理人才培养、科学研究、直接社会服务三项职能的关系，建立协调三项职能的平衡机制。三项职能是相辅相成的，社会服务促进教学与科研的发展，是指通过服务直接了解社会新的需要、新的问题，为教育补充丰富的内容和为科研提供信息与课题。而拥有较高的教学水平和丰硕的科研成果，又成为高校社会服务的前提和优势。只有三项职能之间平衡协调，相互促进，才能保证社会服务的正确方向，形成三者之间的良性循环。目前，在应用型高校中既存在社会服务滞后的现象，又存在社会服务冲击教学与科研的现象。

（四）评价机制

评价机制要求科学研究不仅要出成果，更要注意发挥科技潜力。在评价科技成果转化为生产力的效果时，要把是否推动经济发展和社会进步作为评价科研水平高低的一项重要指标，把科研成果产业化、社会化作为衡量科研质量的重要标尺。

（五）分配机制

分配机制主要包括以下四种：一是经济激励。社会服务所创造的经费效益，社会服务参加者根据其实际贡献大小按一定比例提成。二是技术入股。高校创办的企业，教学科研人员可以用专利或技术参与分配。三是科技人员利用社会服务途径领办、承包、创办科技企业和文化实体等要根据效益自主分配。四是科技人员社会兼职所得收入，学校予以承认并给予支持。

（六）管理机制

管理机制的核心是加强统筹。要把社会服务纳入学校工作的重要议程，由学校领导主管，由一名校领导专抓或兼抓社会服务工作。学校要定期不定期地研究社会服务工作，党委也要加强对社会服务的指导和领导。设立全校性社会服务管理的职能部门，或由有关职能部门代理执行全校社会服务的管理。要制定配套的社会服务工作管理办法、规章、制度，制订社会服务发展规划，加强队伍建设，要有组织、有计划地培养思想作风好、科研水平高、技术能力强的社会服务骨干或队伍。校办企业、校办产业是应用型高校直接参与地市社会经济建设的窗口，对应用型高校开展社会服务具有重要作用，要抓好校办企业的建设，要重点扶持科技含量高、社会经济效益好、有发展前景的企业。

（七）自我发展机制

应用型高校开展社会服务不是权宜之计，而是长久的事业，应用型高校社会服务必须有长远打算，制订战略规划。学校、教学科研单位的社会服务收入可按一定比例留作社会服务或创业基金，用于支持、鼓励、发展本单位的社会服务，使其形成良性的滚动发展局面。以应用型高校为基点，宏观、中观、微观三个层面的应用型高校社会服务机制是一个庞大的系统工程。在这样庞大、复杂的系统里构建应用型高校社会服务机制是一项艰巨的、带有全局性的系统工程。在整个系统中，宏观系统主要应该为应用型高校开展社会服务营造更加宽松的社会环境；中观系统应采取主动态势为应用型高校社会服务创造条件；从微观系统看，关键在于加强应用型高校在社会服务方面的自身建设。在知识经济和经济全球一体化的国际大背景下，应用型高校必须顺应时代潮流，以更加开放和主动的姿态，解放思想、创造条件、练好内功，扎扎实实地建设和利用好本校的社会服务机制；并与地市各方面密切协作，建设好中观层次的社会服务机制，使微观机制与中观机制相互协调与促进，推动应用型高校与地市社会的共同发展和繁荣。

第四章

应用型高校社会服务的现状及问题分析

第一节 应用型高校社会服务资源现状及问题

应用型高校作为一个有机体,是由教师、学生、学校管理人员、教学设施、经费等资源聚合而成的,同时它还和有机体外部的政府、行业企业、社区、其他高校进行着资源交换。充足的资源是应用型高校深化社会服务的根基和前提。从现实来看,应用型高校匮乏的经费、学科专业、师资、场地设备等资源,不利于其通过整合内部资源和吸收外部资源深化社会服务,而且极大地制约了应用型高校社会服务的动力。

一、经费情况分析

(一)应用型高校办学经费有限

应用型高校办学规模小,校企合作能力较差,其办学经费主要源于学生学费与地方政府，办学经费有限，很难为社会服务提供充足的动力。表 4-1 的数据显示，2022 年，一些大型的、重点的、财政充裕的高校的财政投入已超过百亿元，而一些相对薄弱的院校的财政投入也已达数十亿元。地方重点院校的经费预算一般在几十亿元，应用型高校的经费预算基本不超过五亿元，通常在两三亿元。经费从源头上决定着高校可以调动的人力、物力、技术等资源，应用型高校"囊中羞涩"的现实直接导致其在深化社会服务的过程中被处处掣肘。

表 4-1　2022 年部分高校经费预算表　　　　单位：亿元

类别	大学名称	预算总收入	2022 年收入
部属高校	清华大学	362.11	255.75
	浙江大学	261.03	160.13
	哈尔滨工业大学	144.18	89.44
	吉林大学	103.93	73.80
	东北大学	62.04	45.30
地方重点高校	浙江工业大学	39.00	29.82
	苏州大学	38.10	38.10
	延边大学	10.50	8.85
	北华大学	10.12	9.56
应用型高校	吉林工程技术师范学院	4.00	3.51
	吉林工商学院	3.83	3.50
	吉林农业科技学院	3.33	3.25
	白城师范学院	3.09	2.84

数据来源：各高校信息公开网或各省教育厅官网等。

（二）社会服务缺乏教育专项经费支持

《教育部　国家发展改革委　财政部关于引导部分地方普通本科高校向应用型转变的指导意见》（以下简称《指导意见》）中的第四部分"配套政策和推进机制"提及，"加大改革试点的经费支持。各地可结合实际情况，完善相关财政政策，对改革试点统筹给予倾斜支持，加大对产业发展急需、技术性强、办学成本高和艰苦行业相关专业的支持力度。建立以结果为导向的绩效评价机制，中央财政根据改革试点进展和相关评估评价结果，通过中央财政支持地方高校发展等专项资金，适时对改革成效显著的省（区、市）给予奖励"。然而目前很多应用型高校并没有获得相关的教育财政专项经费。从理论上讲，培养出具备实际应用能力的人才，比起学术性和技术性的人才，所需的投入要大得多，因此，政府应当投入更多的资金来支持。但应用型高校多属于省市级政府举办的高校，其教育经费本就有限，想要推进其社会服务，缺少经费的保障，何来社会服务的动力？《指导意见》指出，高校要健全多元投入机制，积极争取行业企业和社会各界支持，优化调整经费支出结构，向教育教学改革、实验实训实习和"双师双能型"教师队伍建设等方面倾斜。许多应用型高校也通过项目立项等形式设立了专项经费，但这些经费数额有限，无法为应用型高校推进社会服务提供有效支撑。

（三）很多企业没有享受到校企合作免税优惠

在推进校企合作方面，许多学者提出以免税的方式鼓励企业主动与高校合作。《中华人民共和国企业所得税法》明确了企业发生的公益性捐赠支出，在年度利润总额12%以内的部分，准予在计算应纳税所得额时扣除；超过年度利润总额12%的部分，准予结转以后三年内在计算应纳税所得额时扣除。《中华人民共和国公益事业捐赠法》所列的公益事业范畴，包括教育、科学、文化、卫生、体育事业。然而还有企业由于不了解或是其他原因，没有享受到免税优惠。而应用型高校的校企合作对接人员大多为一线教师，对于学校和企业的财务管理政策知之甚少，没有有效运用这一政策作为切入点激励企业参与校企合作。出现这种情况，一方面由于一些企业不了解免税政策或者企业人员不了解公司的财务或免税情况；另一方面也可能由于免税政策在具体的操作和实施层面宣传不到位或者存在一些运作困难等。

二、教学场地设备情况分析

教育教学的场地设备是影响教育质量的重要因素。为了更好地为社会提供有效的服务，《指导意见》强调，应当加强对实习实训的重视，甚至在一些本科专业人才培养标准中明确了实习实训所占比例必须达到的学时及学分标准，明确要求建立完善的实习实训环节，以提升学生的应用素质。但是在实际调研中发现，当前应用型高校的实习实训还受到很多场地设备的制约，在很大程度上限制了社会服务能力的发挥。

(一) 校内实训基地数量有限

实训基地是学生实习（实践）和培训的主要场所，既包括学校自己筹办建立的校内实训基地，也包括学校和企业合作建立的校外实训基地。实训基地是提高应用型人才实践能力和职业素养的重要场所，一般为真实或仿真度较高的生产车间或场所，配备一系列可供学生操作的设备和仪器。

笔者调查发现，应用型高校的校内实训基地较少，一所高校通常不超过5个。这是因为实训基地占地面积大，仪器配备数量多，很多基地必须装备一些完整的操作系统而非一两套仪器，需要投入大量的经费，一般的应用型高校很难有此财力。

相比之下，应用型高校的校外实训基地较多，因为通常只要和企业建立合作关系，企业基本可以成为学生的实训基地，并接纳实习学生在企业的特定部门或车间实习，但较之校内的实训基地，教师和学生在校外实训基地进行实践教学的费用较高。其原因在于学生到企业实训的交通费、住宿费花销较大，对学校和学生来说都是很大的负担。一则，从学生角度看，他们缴纳了学费和住宿费，而参加实训的人才培养费用以及住宿费用理应包含在其中，学生自然不愿再缴纳其他费用；二则，从高校角度看，应用型高校的学费收入和办学经费本就紧张，再支付给其他组织培训费支持学生到校外实训也有很大难度；

此外，高校和行业企业的沟通成本也不小，尤其是一旦学生出了安全问题，双方极容易出现责任划分不清的问题。

（二）实验室条件和运行维护困难

实验室是培养人才的重要载体，也是应用型人才培养所必需的教学设备。作为应用型高校在校内培养学生应用技能的重要场所，相比于其他教室，实验室的建设成本更高。通常，实验室经费来源渠道一般为学校自筹、政府专项财政支持和企业募捐等。

第一，应用型高校实验室的经费投入有限。受办学经费的限制，应用型高校很难自筹经费建设大型实验室。应用型高校实验室的数量少，条件一般，多数实验室处于基本可以支持人才培养的水平。应用型高校几乎没有国家级重点实验室，省级重点实验室数量一般不超过5个，实验室的条件还相对简陋。

第二，应用型高校实验室的运行和维护经费有限。实验室的运行和维护包括购置教学仪器设备和实验教学软件，改造实验室环境，安排专门的管理人员。受经费限制，应用型高校很少更换教学设备和实验教学软件，很多实验室建成后几乎没有装修过。由于实验室管理人员（教师）工作时间长（很多实验室是24小时开放），且要具备一定的专业知识（如化学实验室管理员必须掌握一定的化学知识），学校很难招聘到好的实验室管理人员（教师）。为此，不少应用型高校只好安排教师轮流值班或者高年级学生轮流值日，以维持实验室的运行。

（三）实践教学设备紧缺

众所周知，很多前沿的教学设备非常昂贵，一台仪器、一块材料、一些药剂的价格动辄上万。应用型高校经费有限，教育教学设备本就短缺，但事实上应用型高校推进社会服务培养应用型人才恰恰需要购买大量的实习实践教学设备。应用型人才的培养需要让一批又一批的学生长期反复进行实习实践，另外校企合作也要求学校购买较多的实践教学设备，这两方面的现实情况越发加剧了应用型高校教学设备的紧缺。

《指导意见》提出，为了提升服务行业的技术水平，应采用多种措施，包括中小企业投入、捐助、政府采购、高校自筹、融资等，促进实验实训实习基地的发展。

三、学科专业情况分析

（一）应用型高校大多学科门类少、实力弱

学科数量和实力是应用型高校社会服务的基础。高校致力于通过不断创造性、实践性、可持续性的发展为社会提供优质的教育，而其中的科研能力（或产品开发能力）则成为与企业合作的关键因素。可以说，一所高校的学科数量越多、实力越强，其科研技术水平和产品研发能力越高，越能为企业和社会提供好的服务，越能在校企合作上占据优势。根据目前的评价体制，如果某个一级学科具有博士学位授予权，则说明其学科

实力较强。据此，可从高校的学科设置及其具有的一级学科博士学位授予权数量来大致估计其科研技术水平。

从吉林省的高等教育系统看，截至2023年，吉林省的研究型高校（吉林大学、东北师范大学）的学科设置涵盖了除军事学以外的12个学科门类，拥有数量庞大的具有博士学位授予权的一级学科，几乎垄断了吉林省高等教育的高端学术市场，很容易获得企业的青睐。而相比于研究型高校，应用型高校主要以本科为主，拥有少量硕士点，学科实力和科研技术能力较弱，也很难得到大型企业的橄榄枝。

从项目研发方面的合作看，相比于应用型高校，研究型高校利用其在学科、技术、设备、政策等方面的优势，获得了大型企业尤其是从事战略性新兴产业的大型企业的支持。这种以技术交换为支撑的校企互利合作，不仅能吸引大企业加盟，而且能切实推进高校社会服务，促进高校和企业在人才定制培养、学生实习实践、共建研发平台与合作研究、设立教育发展基金等方面开展长期深入的合作。

不仅如此，研究型高校和许多大型企业建立了合作关系，几乎垄断了区域校企合作的高端市场，这增加了应用型高校和大型企业建立合作关系的市场准入难度。以吉林省医学领域的校企合作为例，吉林省二级以上医院基本被研究型高校包揽。在这样的校企合作市场格局下，应用型高校的社会服务更为困难。

(二) 应用型学科专业的发展处于相对弱势地位

研究型高校通常在区域或全国具有较高影响力，在知识创造和知识系统构建中占据重要地位，研究型高校培养了绝大多数的博士及博士后高级人才，并能够获得大部分的研究经费，而应用型高校的应用型学科专业发展处于相对弱势的地位。

第一，在寻求校企合作方面，研究型高校拥有更多优势，即使是在同等条件下，依然有很多行业企业更倾向与研究型高校优先合作，给应用型高校带来极大的挑战，也深刻影响着应用型高校的学科专业调整。同时，受客观条件的限制，应用型高校也难以为高层次应用型人才提供充分的教科研条件，不便于协调其他社会组织共同开展更深层次的社会服务。第二，我国的高端应用型人才培养几乎被研究型大学垄断，应用型高校在培养高端应用型人才的条件和资格上受到限制，这无形中阻碍了应用型高校在更高层次推进社会服务的动力。第三，学科的应用性在很大程度上是由学科本身的性质决定的，然而很多具有明显应用性的学科却通常在研究型大学中更具有优势，这在一定程度上弱化了应用型高校推进社会服务的动力。第四，在很多领域研究型高校和应用型高校的边界并不清晰，很多研究型大学也相继成立了应用技术学院，在一定程度上弱化了应用型高校推进社会服务培养应用型人才的特色。

第二节　应用型高校社会服务师资队伍现状及问题

教育就是教师培养学生的过程，没有好的师资，应用型人才的培养就好比没有专职园丁看管打理的果园，不可能结出人们预期的硕果。《指导意见》强调，要大力发展"双师双能型"教师队伍。"双师双能型"教师是在以往"双师型"教师基础上对教师素养要求的进一步提升。"双师双能型"的引入为应用型大学提供了强有力的支持，使其能够更有效地开展社会服务。

一、师资力量整体薄弱

根据表4-2的统计发现，应用型高校的师资水平整体较为薄弱。在教师数量、专业技能、职称结构、博士教师比例、享有国家特别津贴等教师结构统计指标上，都明显不如研究型高校。由于应用型高校的师资队伍较为薄弱，学习、科研、社会影响以及教育水平都远远落后于当地的重点大学，这就阻碍了应用型高校与行业的有效沟通，从而影响了对应用型技术与技能的培训。

表 4-2 吉林省部分应用型高校的师资队伍的状况

高校类别	高校名称	教职工数	专任教师数	正高级教师数	副高级教师数	最高学历为博士的教师数	享受国务院津贴专家数
应用型高校	吉林工程技术师范学院	996	793	386	–	247	4
	吉林工商学院	974	–	381	–	–	–
	白城师范学院	942	–	323		–	–
	吉林农业科技学院	972	714	300	–	203	1
	长春科技学院	987	760	–	–	–	–
	长春建筑学院	–	643	180	–	–	–
	长春光华学院	–	–	35	101	–	–

资料来源：资料来自各相关高校官网。

二、专职教师实践教学能力差

应用型高校的专职教师需要加强实践教学能力，以满足社会对高素质人才的需求。这些教师大多具备良好的科研能力，但缺乏对企业实际生产环境的深入了解，因此，他们的实践教学能力存在较大的欠缺。许多 45 岁以上的教师年轻时曾在行业企业工作过，后期他们又逐渐通过进修、读大学成为高校教师，有一定的实践经验，但这些实践经验显然已落后于时代。也有许多教师教了十几年书，自己却从没进过工厂。

《指导意见》指出，应用型高校要积极引进行业公认专才，聘请企业优秀专业技术人才、管理人才和高技能人才，有计划地选送教师到企业接受培训、挂职工作和实践锻炼,加强"双师双能型"教师队伍建设。笔者调查发现,应用型高校实际拥有的真正的"双师双能型"教师可谓少之又少,许多应用型高校的二级学院"双师双能型"教师的数量通常不超过 5 名。虽然一些应用型高校号称其"双师双能型"教师占到学校总教师数量的 1/3 以上,但实际上真正既能讲好理论课又能上好实践课的教师可谓凤毛麟角。

三、优秀行业企业师资难引进

由于提供的教师工资待遇较低,应用型高校根本无法引进行业企业的优秀师资。吉林省应用型高校的讲师/助教的月收入平均在 4000~6000 元(不计课时费),除去"五险一金"之后,每个月实际到手的可支配收入在 5000 元左右。吉林省应用型高校的副教授月收入平均可达 7500~8500 元。

相比较而言,吉林省中级工程师的月收入平均在 8000~10000 元,企业给工程师提供的平均工资待遇远高出应用型高校。

为了满足人才培养需求,应用型高校通常会选择来自大型企业的中年高级工程师,他们不仅具备丰富的理论知识和实践经验,还能够熟练掌握本领域的最新技术,并且能够将最新的产业需求和生产技术传授给应用型高校的教师和学生,从而推动产教融合的发展。然而,这一阶段的工程师被视为"顶梁柱"，因此，企业为他们提供的报酬往往超出了一般水平，甚至超过10000元。在如此悬殊的工资待遇下，应用型高校当然吸引不到优秀的企业师资。

而且，学校并不敢贸然给企业师资提供较高的待遇，因为这容易引发整个高校内部薪酬分配的不公平，引起其他教师的不满。而且，一些应用型高校给企业师资提供的工资待遇是非常低的，有时甚至还不如学校的讲师/助教，导致高校很难从行业企业引进优秀的高级工程师。

四、教师培训阻力大

开展专题性的教师培训可以为应用型高等院校的教师们带来更多的实际经验和知识。目前常见的培训模式有两种：在企业担任兼职讲师，前往海外知名院所进行访问和参观。然而，资金紧张、教师对培训的热忱程度较低、考核机制和思想观念的局限性使得应用型高校的教育面临着诸多挑战。

第三节　应用型高校社会服务制度动力现状及问题

一、薪酬制度

"薪酬制度"是指用于确保员工收入的各种规章制度，分为职位制、技能制、结构制、业绩制等。在这些规章制度中，政府机构或学院的人力资源部负责制定并执行这些规章制度。2011年中共中央、国务院印发《关于分类推进事业单位改革的指导意见》和《关于深化事业单位工作人员收入分配制度改革的意见》等9项改制举措的出台，使得全国大多数大学的工资制度得到改善，绩效工资制成为其中的重要组成部分。获取合适的报酬对于应用型大学的领导者和教师至关重要，他们希望能够在这里投身于教育领域，为实现自己的目标而不断奋斗。因此，奖金的设置可以促使这些领导者和教师更积极地参与到公共活动中来，更好地进行社会服务。

（一）无法有效激励教师加强实践教学

应用型高校推进社会服务有必要变革一线教师的薪酬制度。教学活动和生产活动的融合，要求一线教师必须创新教育内容和教学方法，加强实践教学。毋庸置疑，创新教育内容和教学方法会增加教师的工作量，从薪酬方面给予教师相应的激励可以有效提高教师的积极性。

应用型高校的绩效工资分为基础性绩效工资、奖励性绩效工资和津贴三部分。基础性绩效工资主要体现地区经济发展水平、物价水平、岗位职责等因素，在绩效工资中所占比重较大。奖励性绩效工资主要体现工作量和实际贡献等因素，根据绩效考核结果发放，采取灵活多样的分配方式和办法。津贴主要是补偿职工在特殊条件下的劳动消耗及生活费额外支出的工资补充形式，主要包括职级津贴、职务津贴、绩效津贴、科研奖励津贴。

制约应用型高校的薪酬制度对教师改进教学内容和教学方法的动力表现为以下三方面。（1）教师工资水平较低，教师投入教学工作的机会成本大。总体而言，应用型高校教师的工资同所在地区的其他职业人员的工资水平相比，处于中下层次，讲师及以下的专业技术级别的教师月收入均在5000元左右。所以，许多教师选择将更多的时间和精力用于科研，或者从事其他事务（包括外出代课、开培训班、开商店等）赚取额外收入。（2）奖励性绩效工资占比低，激励效用不显著。应用型高校主要通过奖励性绩效工资激励教师。在应用型高校中，基本的薪酬水平取决于教师的职务、任期和授课次数，而奖金则取决于他们的科研和专长，以及他们的教育贡献。奖励性绩效薪酬水平通常包括教学奖励、科研奖励、人才培养奖励、社会服务奖励、管理服务奖励等。但是，应用型高校教师的奖励性绩效工资约占总工资的20%，这意味着教师努力投入教学工作的边际收益很低，而教师努力投入教学工作的边际成本却很高，所以奖励性绩效工资很难为教师努力改进教学工作提供激励。（3）绩效工资与教师的工作表现没有必然的联系。在实际操作中，同一专业技术职务级别的教师从教学中获得的收入之间的差距很小，很多应用型高校的绩效工资基本上是"假绩效"，即高校不是严格根据教师的教学投入水平及其效果决定教师的教学薪酬，而是对同一专业技术职务的教师采用大致相当的奖励性工资。

（二）对学校管理人员寻求行业企业合作的激励较弱

一定的薪酬激励，是应用型高校的学校管理人员主动寻求行业企业合作的重要条件。然而，应用型高校的薪酬制度对学校管理人员寻求行业企业合作的影响很小。出现以上情况的原因有三：（1）薪酬制度激励效果差。一般而言，学校管理人员的总体收入一般低于同级别的教师收入。而且，学校管理人员没有教学、科研等任务，其奖励性工资和工资上升空间要远远低于教师，基本上等同于固定工资，难以激发学校管理人员寻求行业企业合作的积极性。（2）学校高层管理人员对增加薪酬收入需求不够旺盛。一般来说，从事管理工作的科员多处于青年（40岁以下）阶段，生活压力大，对工资收入需求旺盛，但他们的权力和能力有限，很难在寻求行业企业合作中发挥关键作用。高层学校管理人员多处于中年（40~69岁）阶段，具备一定的地位、资历和人脉，在寻求行业企业合作中处于中坚力量，但他们多数已解决基本生活问题，比较关注职位晋升和社会声誉，对工资收入的小范围变化不太敏感。（3）学校管理人员寻求行业企业合作主要出于执行行政命令和履行岗位职责。在工资激励效果不佳的情况下，应用型高校主要通过行政命令和部门分工（如成立产教融合统筹机构、确立专门的分管领导和工作人员）激励学校管理人员主动寻求行业企业合作。

然而，由于应用型高校职位晋升制度的复杂性、管理工作考核难度大等，非薪酬式的激励方法无法对管理人员产生很好的激励效果。而且，如果长期用非薪酬制度激励学校管理人员，会使他们的工资需求得不到满足，削弱其工作的积极性。

（三）薪酬制度变革的成本和风险过大

鉴于现有薪酬制度有限的激励效果，改革薪酬制度，无疑是激励应用型高校的学校管理人员和教师积极推进社会服务的一个非常有效的方法。然而，薪酬制度变革的成本和风险非常大，应用型高校不敢轻易推进薪酬制度变革，也不太愿意仅仅为推进社会服务改革薪酬制度。

薪酬制度变革的程序复杂、成本大。薪酬制度变革关系全校教职工的利益，其变革必然需要经过一系列复杂的程序。(1) 随着学校的发展目标、资金投入等情况的不断改善，学校的领导层应该及时认知并采取有效措施，改善现有的薪酬体系；(2) 学校的领导层应该积极地与相关部门协商，以便更好地实施改革；(3) 人力资源部门应当开展全面的调查，以满足教职工的实际工作需求，并且及时向社会宣传改革的成果；(4) 应当充分听取教职工的反馈，并且在学校的党政会议、工会会议、职工代表大会以及其他相关机构的共同参议下，最终完善改革的薪酬体系；(5) 改革的薪酬体系应当提交给省级的教育委员会，以便审核并批准。在获得许可并进行登记之前，才能开始实施。不难看出，薪酬制度关系学校每一个部门及其人员的切身利益，其变革不仅需要获得学校多数成员的"一致同意"，还须得到政府的认可。如此大范围、长时间的制度变革，必然要经过大量的讨论、沟通、修正，耗费大量的成本。

薪酬制度变革也面临很大的风险。薪酬收入是学校职工最基本的利益，薪酬制度变革一旦处理不好，就容易形成突发矛盾，给制度变革者带来巨大风险。第一，高校内部学科间、部门间的差异很大，很难制订出一个完全公平、科学、合理的薪酬分配方案。第二，应用型高校薪酬制度变革的实质是高校内部利益的调整，这种调整在现实中不可避免地会损害应用型高校内部个别部门或个人的利益，这些利益受损者是阻碍和反对应用型高校薪酬制度改革的主要力量。第三，应用型高校薪酬制度改革就意味着将实行新的薪酬分配方案，由于思维惯性和理解偏差，许多在薪酬制度改革中利益增加的部门或高校教师也会误解改革的目的，进而反对改革。例如，某高校为鼓励教师参与社会服务，欲将社会服务情况纳入绩效工资核定，这一举措无疑对高校和教师个人发展都大有裨益，但受思维惯性影响，很多老师会认为这一举措增加了工作量，改变了传统的薪酬核定标准，从而对这一改革措施产生抵触心理。

二、教学制度

教学是应用型高校深化产教融合的微观层面（教学活动与生产活动相结合）的关键环节，也是应用型人才培养的核心环节。教学制度的优劣直接决定产教融合的动力和应用型人才培养的效果。

本部分将重点研究如何在人才培养目标、实践课程、教学方法和教学评价四方面解决应用型高校的教育体系问题，并分析如何促进（微观层次）的产业与教育的结合。

（一）人才培养目标和课程设置脱离地方发展

应用型高校推进社会服务的目的是培养应用型人才，服务地方产业结构优化升级和经济社会发展。根据《指导意见》的规定，应用型高校必须积极投身于本地的新兴行业，以满足其需求，并且能够有效推动本地的经济社会发展。为此，应用型高校必须构筑一个完整的、能够满足本地特色的人才需求培养机制，一个能够有效支撑本地产业链、创新链的专业体系，以及一个能够促进本土企业及其员工共赢的协作育人环境，以此来提升本土的就业竞争力。因此，应用型高校在制订人才培养方案、确定人才培养目标与教学目标和进行课程设置的过程中，应紧密围绕地方经济发展。

但在实际情况中，应用型高校的人才培养目标和课程安排与当地经济社会发展的需求存在较大差距。其原因可能在于很多专业，如计算机、数学、统计、体育、新闻、工程等专业，属于"放之四海而皆准"的专业，其应用在任何一个地区和领域中大同小异，根本没必要突出地方特色；许多专业设置本身和地方经济社会发展脱节，只是由于惯性或路径依赖，这些专业短期内难以调整或取消；由于信息的有限性和信息搜寻成本的限制，二级学院在制订人才培养计划以及教务处在审核二级学院提交的人才培养计划时，根本无法全面掌控地方产业发展和经济社会发展的相关信息；应用型高校推进社会服务可能只是"喊口号"或"一阵风"，在激励和监督制度不健全的情况下，二级学院在推进和实施产教融合中出现了"道德风险"；二级学院将专业特色融于教学之中，由教师在教学中自行融入地方特色，并没有在课程上予以体现，但这种思路会增加教师的机会主义倾向和教学质量监管机构的监督成本，最终影响教学质量。

（二）实践课程的学分和学时占比低

应用型人才的培养需要加强实践课程。应用型人才和学术型人才的重要区别之处，是应用型人才具备较强的解决实际问题的实践创新能力，而加强实验、实训等实践课程是提高人才的实践创新能力的重要途径。根据《指导意见》，应用型高校必须构建一个重视实际操作的人才培养体系，将30%的实际操作课时纳入其中，同时结合当前的社会经济形势，推行科研成果，将各类专业的理论知识、实际操作、综合性知识、职业素质等有机结合起来，全面提升学生的科研、职场、创新、就业等综合素质。

调查发现，应用型高校的实践课程学时占课程总学时的比重偏低。2014年以前，应用型高校的实践课程占总课程的学分比例和学时比例一般不超过 25%，2014 年这两个比例均调整到 30% 以上，而且一般不超过 35%。《指导意见》明确提出，实训实习时间应当占课程教育总时间的 30% 以上，以此来提高学生的实践创新能力。由表 4-3、表 4-4 可见，应用型高校的实践课程占总课程的学分比例和学时比例均在 30%～35%，实践课程中超过一半的学分属于课内实践，课外实践课的占比较低，而且，真正的专业实习、实训实践课程均集中在大三下半学期，一般不超过三个月。

出现以上问题的原因可能是实践课程要比理论课程耗费更多的资源，给教师带来更大的负担，增加学校成本。因此，在地方普通本科高校转型之初，选择 30% 左右的实践课程比例，这种"小步调"改革的策略，既达到了政府要求，也不至于给学校及其教师带来难以承受的压力。

表 4-3　某应用型高校 2021 年电子商务专业的课程结构与学分（学时）分配

	理论教学						实践教学		总计
	通识教育平台		专业基础课程平台		专业课程平台		课内	集中	
	必修	选修	必修	选修	必修	选修			
学时	740	92	344	128	296	184	168	—	1952
百分比（%）	37.9	4.7	17.6	6.6	15.2	9.4	8.6	—	100
学分	41.25	5.75	21.5	8	18.5	11.5	10.5	48	165
百分比（%）	25.0	3.5	13.0	4.8	11.2	7.0	6.4	29.1	100

表 4-4　某应用型高校 2021 年投资学专业的课程结构与学分（学时）分配

	理论教学						实践教学		总计
	公共课程平台		专业基础课程平台		专业课程平台		课内	集中	
	必修	选修	必修	选修	必修	选修			
学　时	786	144	480	108	336	252	234	—	2340
百分比（%）	33.6	6.1	20.5	4.6	14.4	10.8	10.0	—	100
学　分	43	8	26.5	6	18.5	14	13	48	177
百分比（%）	24.3	4.5	15.0	3.4	10.5	7.9	7.3	27.1	100

（三）教学方法实践性不强

应用型人才的培养要求突出教学方法的实践性。培养出能够在工作中运用先进的科学技术和知识的专业人士，对于提高应用型高校的工作效率和质量至关重要。这些专业的学习者需要掌握一些关键的知识和能力，能够在工作中运用这些知识和能力，提高工作效率。在教学中，案例教学法、示范教学法、模拟教学法、项目教学法和发现教学法都能够帮助学习者更好地理解和掌握这些知识，使他们能够在工作中更好地运用这些知识和能力。通过系统的课程设置、深入的讨论、有效的练习、有效的考核，以及全面的实践活动，来提升学生的综合素质，这正是当今社会对于应用型人才的需求。

由于案例教学法、模拟教学法、项目教学法、发现教学法等教学方法，需要教师具备更多的技术知识，而且操作过程也相当烦琐，很多教师并未把它们作为日常教学的重点；此外，大多数教师都只接受过传统的教学方法，而缺乏多元化的教学方法，这也在一定程度上抑制了课堂教学效果，从而造成了学习效能降低、学习效果差、学习效果不佳的情况。当前的学习环境中，许多人倾向于以传统单一的讲解形式进行学习，这种做法可能会使他们无意识地接受知识。目前的学习评估体系并未关注如何培养学习者的实际技能，也未关注如何检验教师的教学方法。相反，这些体系更加关注教师的表现，并给予教师必要的奖励。因此，许多教师倾向于以理论讲授的形式进行教育。

（四）教学评价制度粗略

应用型高校的教学评价制度比较粗略，难以有效激励和监督教师改进教学内容和教学方法，不利于提高教师深化产教融合的动力，主要表现为以下几点：第一，课时而非教学质量是衡量教师工作绩效的主要指标。教师的工资发放和职称评定，主要依据教师完成的课时量、教学年限和教师获得的各种教学成果奖（成果形式主要是论文、专著或教学视频），而非教师的教学努力程度和教学效果。第二，教学评价流于形式。应用型高校的教学评价一般采用学生评教、教师自评和学校（教务处）评价"三位一体"的教学评价模式。该模式表面上看比较全面客观，但在实际操作中，学生、教师和学校给出的教学评价水平多数在中上等水平，教学评价的结果几乎不会对教师形成实质影响。第三，教学督导不力。应用型高校的教学督导主要由教务处的教学质量管理科或教育督导（或评估）部门的教学督导科具体实施。例如，虽然某应用型高校的教学督导团队的成员数目不多（一般不超过3名），但是他们不仅致力于探索教育的本质，推动教育的变革，而且也参与了各种重要的教育活动，包括制定、执行、评估、考核、奖励，以及对各类专业、课程、实践基础的指导。所以，教学督导部门根本不可能对全校教师的所有教学情况进行监督和指导。教育督导部门应该把重点放在监督新入职的教师身上，并将监督责任分配给二级学院。这样做可以激发更多的监督力量，但也会延长监督的委托—代理链条，增加监督过程中的交易成本和机会主义行为，导致许多监督活动变得不公平。粗略的教学评价制度，既没有为教师提供改进教学内容和教学方法的激励，也无法形成有效监督，自然无法增强应用型教师深化产教融合的动力。

导致教学评价制度粗略的原因有三：第一，教学产出很难衡量。教学的产出主要表现为学生各项素质和能力的提升。某一阶段的教学产出不仅是多方面的，而且是潜在的和长期的。所以，教师的教学产出几乎不可能精确判断。这导致教育督导部门很难建立起全面、客观、公正的教学质量评价体系。第二，教师的人力资本投入水平监管困难。人力资本天然地由其载体个人占有，无论其投资和使用主体是国家还是学校，教师都是其人力资本的实际支配者。由于教师对其人力资本的天然占有性，以及巨额监督成本的存在，教育督导部门很难准确判断教师的人力资本投资水平并对之进行监督。第三，学校管理追求高效率和低成本。学校管理的目的在于高效率、低成本地实现其发展目标，由于经费、人员、信息、知识、交易费用等资源的限制，教育督导部门作为学校中的一个非常小的科室，基本上不可能保障教学评价全面、客观，为了完成教育督导任务，也只好选取一些粗略的指标和低成本的评价方法。

三、科研制度

科学研究是现代大学的重要使命之一，它和人才培养的结合共同构筑了高校的本质。科学研究也是高校培养人才和服务社会的基础。应用型高校深化产教融合培养应用型人才、服务地方经济社会发展，显然离不开科学研究的支持。同时，应用型高校的科研制度，也影响和制约着其深化产教融合的动力。应用型高校的科研制度对其深化社会服务动力的制约表现如下。

（一）对科研的奖励高于教学

很多应用型高校的科研制度对科研的奖励很高，远远高于教学，这非常不利于其深化产教融合培养应用型人才。正如潘懋元先生所述，由于种种原因，研究型高校甚至一般高等院校普遍存在"重科研，轻教学"的现象。教育主管部门主要以科研成果的数量与奖项和课题经费的多少来评估一所高校。高校的领导管理部门以论文的数量和所发表的刊物级别来考核教师的业绩，并将之作为晋升、加薪、评奖的主要依据。各种各样的"排行榜"更助长了这种风气,导致教师有关科研的工作负担过重,教学的时间、精力投入不足,质量得不到保证。①

(二) 没有突出应用研究

强化应用研究是应用型高校推进社会服务,深化产教融合的应有之意。相对于以创新知识为目的的基础研究,应用研究偏向于直接解决生产生活的实际问题,促进经济社会的发展。《指导意见》强调,应用型大学必须加强基于应用的创新,并将其纳入地方、行业的技术发展框架中,致力于解决日常生活中的各种挑战,大力推进科学研究、技术转化、应用与创新,从而推动社会发展。

尽管大多数应用型高校的科研制度将基础研究和应用研究区分开来,但是在奖励方面,却缺乏明确的区分,仅仅依据论文发表期刊级别和课题项目级别来决定奖励,这显然不能充分体现应用研究的重要性。

应用型高校科研制度没有突出应用研究导向的原因有二。第一,政府和社会机构的科研评价制度并不倾向于应用研究,应用型高校的科研制度是政府和社会科研评价制度贯彻和影响的结果,自然不会突出应用研究。应用型高校只是高等学校中的一部分,我国没有建立起高等教育分类评价体系,政府和社会建立的高等学校评价制度自然不会专门针对应用型高校调整

---

① 潘懋元. 从"回归大学的根本"谈起 [J]. 清华大学教育研究, 2015, 36 (4): 1-2, 9.

科研奖励制度。我国《国家科学技术条例奖励细则》《中华人民共和国专利法》《中华人民共和国自然科学奖励条例实施细则》以及其他相关的科研奖励的政策和法规，都明确指出，科研工作的重点不在于获得科学研究结果的实际利益，而是更多地在于科学研究结果的衡量和评价上。另外，艾瑞深研究所、《中国大学评价》课题组、南京大学、武汉大学以及其他一些第三方的教育评价机构也都在积极推动科学研究结果的衡量和评价，以更好地评价科学研究结果的实际价值。

第二，基础研究和应用研究的界限和价值不好衡量。基础研究、应用研究和技术开发之间存在着密切的联系，使得它们之间的界限变得模糊不清。目前，关于基础研究和应用研究的关系的代表性理论主要有科学研究的"扩展型模式"和"二维象限模式"。经济合作与发展组织（OECD）在修订1962年英国决策者布鲁克斯（Harvey Brooks）所制定的弗拉斯卡蒂指南时，提出了一种新的科学研究模式，即"获得新科学知识"，这一模式将基础研究定义为"获得新的科学知识"，应用研究是一种旨在探索新的科学和技术知识，而不是为了达到某一特定的实际目标的研究，它旨在为社会发展提供有价值的信息和服务[1]。可以看出，基础研究和应用研究虽然存在目标上的差

---

[1] 经济合作与发展组织. 弗拉斯卡蒂手册2015：研究与试验发展数据收集和报告指南[M]. 中国科学技术发展战略研究院，译. 北京：科学技术文献出版社，2018.

异，但二者没有绝对的界限，很难绝对地将一项研究划定为基础研究或应用研究。而且，基础研究、应用研究和技术开发三者之间存在着相互影响、前后促进的复杂关系。

（三）轻视横向项目

科研项目也称课题，按照项目来源，可分为纵向项目和横向项目。纵向项目是从国家、部委和省市纳入财政计划的科研拨款中直接获得经费的项目，如国家自然科学基金项目、国家社会科学基金项目、教育部人文社科项目、"973"计划、"863"计划等。横向项目是指地方政府、企事业单位、兄弟单位委托的各类科技开发、科技服务、科学研究等方面的项目，以及政府部门非常规申报渠道下达的项目。申请文件的承担单位中没有本单位署名的纵向项目，由承担单位转拨本单位的子课题或者外协经费，一般也按横向项目对待。

与纵向项目相比，横向项目更加符合应用型高校的需求。横向项目通常由委托方授权研究机构解决实际工作中的问题，具有很强的实用性，在经济和社会发展中的作用日益重要。因此，横向项目可以更好地展示产学研的紧密联系，有助于将科研成果转化为实际应用，从而更有效地解决日常生活中的实际问题。[①] 实际上，横向项目是产教融合的重要形式，高校获得的横向项目的数量、经费，很大程度上代表着其校企合作的

---

① 高仲飞. 纵向课题与横向课题比较研究 [J]. 经济研究导刊, 2013 (15): 264-265.

水平。

然而，应用型高校的科研制度却"重纵向项目，轻横向项目"。一方面是因为纵向项目是评价科研机构、高校和研究者科研水平的通用标准。横向项目来源广泛，经费数额大，其评审多基于委托方和代理方的信任与合约，比较容易获得。纵向项目数量有限，获准难度较大，申报、检查和评审较为规范、公正、严格。所以，即使横向项目的研究内容可能更贴近社会需求，更有利于应用型高校服务地方经济社会发展，但是纵向项目的层次和数量，往往被视为衡量高校的科研水平和研究者的学术水平的极其重要的标准。

另一方面是由于政府而非社会主导着应用型高校的管理和评价。从我国的高等教育管理体制看，政府无论在举办高等学校还是管理和评价高等学校中都居于主导地位。2015年，教育部发布《关于深入推进教育管办评分离促进政府职能转变的若干意见》，旨在明确政府部门、高校和社区内部的职责分工，建立健全三者之间的互动管理机制，以推动政府职能的转变。尽管"升格"规定了民办或公办的高校的建立、财力支持以及未来的发展，但当地政府对于这些高校的影响依然很大，许多高校都无法逃避这种影响，甚至无法改变这种状况。政府是应用型高校非常重视的评价者，顺理成章，政府设立的项目（纵向项目）也自然被各类高校作为主流评价标准。

四、治理结构

高校治理结构是一个复杂的系统，它旨在维护高校的正常运转，并确保高校的决策权力得到有效的分配、协调和执行。它还涉及高校与外部环境的交互，包括政府、社会等。不同的高校管理架构可能会导致权力分配的差异，从而影响学生的积极性和教育质量。治理结构对应用型高校进行社会服务的动力的影响如下。

（一）政府干预存在"越位"和"缺位"

政府如何对待高校，以及高校如何对待政府，是大学治理结构中历久弥新的重大话题。高校与政府的关系是高校与社会的关系的一部分，[1] 只不过，相对于其他社会组织，政府是非常特殊的一部分，它代表着集体利益并握有足以改变组织和个人命运的政治权力。作为公权力的代表的政府，赋予高校恰当的权力和责任，同时为高校的发展提供必要的支持和适宜的环境，对于高校的发展尤为重要。[2]

应用型高校推进社会服务，深化产教融合对政府和高校的关系提出了更高的要求。一方面，应用型高校推进社会服务要求高校拥有更大的办学自主权。从大的方面说，应用型高校推

---

[1] 关于深入推进教育管办评分离促进政府职能转变的若干意见 [EB/OL]. 中华人民共和国教育部，2015-05-06.
[2] 刘向东，陈英霞. 大学治理结构剖析 [J]. 中国软科学，2007（7）：97-104.

进社会服务，深化产教融合、校企合作是一场高等教育领域的重大变革，如何让应用型高校拥有自主变革的权力和动力，直接关系此次变革的成败。从小的方面说，应用型高校只有在招生、学科专业设置、人事、经费分配方面拥有一定的自主权之后，才有足够的动力和能力推进社会服务。比如，根据变动的地方产业发展需求及时调整学科专业设置和人才培养模式，是应用型高校推进社会服务的基本要求。按照教育部要求，高等院校的学科专业必须通过备案或批准，每年都要通过一次审核，确保学校的学术发展符合国家的教育政策。教育主管部门对高校专业设置的批准和备案，在某种程度上增加了应用型高校调整学科专业设置的成本。① 经过三十多年的教育改革，政府对高校的管理情况有所改善，但扩大和落实高校办学自主权依然任重而道远。教育行政部门原来管的东西——高校的招生、考试、专业设置、教师职务、课程、后勤、财务，现在仍然在管，只不过，管的方式由直接管理换成了评选（如名师）、项目（精品课程）等间接管理。②

政府对高校管得过多、过死，滋生出高校行政化、高校自主性丧失等问题。高校行政化表现为政府对高校管理的行政化

---

① 教育部关于印发《普通高等学校本科专业目录（2012年）》《普通高等学校本科专业设置管理规定》等文件的通知 [EB/OL]. 中华人民共和国教育部，2012-09-18；中共中央关于教育体制改革的决定 [J]. 民主与科学，2009（5）：44-46.

② 贺耀敏，丁建石. 职业教育十大热点问题 [M]. 北京：中国人民大学出版社，2015：68-69.

和学校内部管理的行政化。前者指政府部门以行政指令（包括行政命令、指示、制度、规定、条例及规章制度等措施）的方式干预学校的工作，造成学校更注重管理方面的工作，一定程度上影响了学生和教育的发展；后者指高校内部的行政权力压制教授的学术权力，以致教授治学、学术自由和高校自治等大学的精神和灵魂不彰。高校自主性的丧失意味着，政府对高校管得越多，高校越依赖和顺从政府，越没有生机和活力，越没有创新和超越的能力与勇气，越无法适应和引领社会发展。

现代高校的健康发展离不开政府的支持和保障。政府在推进教育公平，促进教育立法，培育第三方组织，沟通并协调教育与政治、经济、文化等社会子系统及其组织间的合作等方面负有不可推卸的责任。以应用型高校的产教融合为例，政府是校企合作的桥梁，政府的优惠政策可以激励企业积极参与校企合作。尽管政府为校企合作提供了一系列政策支持，但由于缺乏有效的管理，校企合作的运行机制、体制和模式仍然存在着许多问题，大多数校企合作关系仍然依赖于个人关系和信誉。尽管多数地方政府已经采取措施鼓励和推动产教融合，但是由于缺乏有效的奖励拨款制度和财政拨付机制，使得社会服务的深入发展受到了严重的阻碍。

（二）开展社会服务的统筹与实施机构缺失

内部结构是组织的职责划分和权限分配的结果。比如，高校教学的任务分工和权力分解衍生出教务处和研究生院，高校的科学研究功能衍生出大学的社科处、科技处、学术委员会。一般而言，针对某一项高校功能或高校常规任务设立专门的机构，可以表示高校对该功能和任务的重视，也有利于该项功能的发挥和任务的完成。所以，应用型高校是否设立负责社会服务的专门机构，从某种程度上可以反映和影响其社会服务动力。

全国有相当一部分应用型高校尚未设立负责统筹和实施社会服务，如产教融合、校企合作的专门机构，这非常不利于社会服务的推进。从表4-5、表4-6、表4-7可以看出，截至2022年11月，吉林省的这三所应用型高校中，没有任何一所应用型高校设有专门负责统筹和实施产教融合的机构，如地方服务与合作处、校企合作办公室，这表明其对社会服务的重视不够。同时，由于没有专门的机构及人员去负责社会服务的相关事务，应用型高校的社会服务失去了重要"推手"。在尚未设置社会服务机构的高校，其社会服务，如产教融合、校企合作一般由教务处或学校层面推动，不利于社会服务的深化。第一，教务处事务繁杂，其常规业务包括教学管理、考务与课务安排、实习实训、实践基地建设、专业建设、课程与教材建设、教学督导与评价等。由教务处负责社会服务，容易导致产权不清，使社会服务工作被教务处的琐碎事务淹没。第二，由学校层面统筹，则容易造成学校关于社会服务的规划和战略无法切实实施，影响社会服务的推进效果。

第四章 应用型高校社会服务的现状及问题分析

表4-5 长春光华学院行政机关部门一览表

党政办公室	法制办公室	督查处	教务处	教学评价中心
教师发展中心	科研处	学科建设办公室	国际合作与交流处	学生工作处
人事处	东区综合管理办公室	财务处	招生办	校友会
资产设备处	保卫处	就业指导中心	公寓管理科	评建工作办公室

资料来源：长春光华学院官网。

表4-6 长春科技学院行政机关部门一览表

学校办公室	教务处	人力资源处	学生处	招生办公室
评估与发展转型中心	教师教学发展中心	国际合作与交流处	财务处	审计处
就业指导中心	科研处	研究生处	学科建设办公室	教学督导办公室
资产设备处	保卫处			

资料来源：长春科技学院官网。

表4-7 白城师范学院行政机关部门一览表

党委办公室	纪委	党委组织部	党委宣传部	巡察办公室
党委统战部	党委学生工作部	党委保卫部	机关党总支	教务处
人力资源处	科研处	国际合作与交流处	财务处	资源保障处
后勤服务处	基建处	审计处	就业指导服务处	信息建设管理处
离退休工作处	法规与督察处			

资料来源：白城师范学院官网。

137

五、非正式制度

非正式的法律法规通常不具备法律效力，也不能被法律所约束。然而，一个社会中的许多法律法规，如社会准则、宗教信念、文化、风俗、道德准则、价值观念、政治观念等都具备了法律的约束力，可以促进个体的自律性，使其能够更好地融入集体，建立一个健康、稳定的社会。[①] 应用型高校的产教融合归根结底是一种产教融合参与人的博弈与合作，与之相关的非正式制度潜移默化地影响着产教融合主体的动力及其效果。

非正式制度是人们在长期交往中无意识形成的，社会习惯和传统是非正式制度形成的重要基础。学校的教育教学活动需要良好的习惯来支撑，因为当今社会信息量巨大，计算能力有限，学生们很难全面考虑各方面，而只能根据自身的习惯做出决定。习惯是人类过去的成功经验的积累，因此，遵循它们来解决问题通常是最明智的选择。习惯经常成为改革和创新的对立面。习惯等非正式制度是人们在长期的工作和生活中形成的，一旦形成就很难改变，即使改变也需要付出较大的成本和较长的时间。

应用型高校推进社会服务面临多种习惯的阻滞。（1）习惯于传统的办学模式。应用型高校要加强产教融合，推动实现应

---

① 罗必良. 新制度经济学 [M]. 太原：山西经济出版社，2006：91.

用性、行业性、跨界性的多重发展，构建一个由政府、社会、企业等多元主体参与的多层次的教育体系，实现有效的学习。但是，传统的高等学校办学模式主要是政府或社会力量直接出资举办的二元模式，高等学校的管理主要由政府或学校内部成员负责。(2) 习惯于传统的教学内容和教学方式。推进社会服务，要求应用型高校依托地方产业发展调整学科、专业和课程，创新教学内容和教学方式，加强实践教学。然而，传统的教学方式主要以书本讲授为主，教师根据选用的教材备课，以讲授的方式向学生讲解书本知识，考试的内容也以教材和教学内容为主。(3) 习惯于传统的制度安排。推进社会服务，要求建立高校分类评价体系，从学生实践能力、就业情况、技术应用和服务地方等方面，改革应用型高校内部的人才培养、科学研究、社会服务等制度，这对习惯于旧制度并按照旧制度从事了多年教育教学工作的学校成员而言，无疑是一种不小的挑战。

第四节　应用型高校社会服务的困境及原因分析

2018年9月，习近平总书记在全国教育大会上强调，要提升教育服务经济社会发展能力，着重培养创新型、复合型、应用型人才。为实现国家战略需求，"部分本科高校"要向应用型高校转变，这就需要转型高校以培养应用型人才为目标，尤其是培养应用型人才的社会服务能力。针对国家要求，各地方高校积极推进高校转型发展，在专业结构、人才培养模式、师资队伍建设、产教融合、校企合作等方面，都采取了相关举措来推动落实高校社会服务工作。在肯定成就的同时，不可否认，这些转型试点高校受制于主客观因素，在社会服务过程中依旧还存在一些亟待补齐的短板，主要体现在资源的开放性不够、社会服务意识薄弱、与社会联系不紧密以及校企合作程度不深入四方面。

一、资源的开放性不够

随着时间的推移，高等院校不断演变，受到各个政府机构的重视，并逐渐建立起了其独具一格的精神文化与实践文化。这些丰富的资源不仅满足了当今社会的多样性，而且还能够满足大众不断提升的文化素养要求，从而推进高等院校的可持续发展。作为一个负有重大社区责任的大学，应努力推进公民的素养水平的持续改善。因此，构建一个公益性的、充满活力的、能够满足各类社会发展需求的开放式资源库，将会成为一个极具价值的解决方案，从而推进经济社会的科技进步，带动全体公民的文明进步。

2012年3月，教育部《关于全面提高高等教育质量的若干意见》中提出"建设优质教育共享体系"，引发了社会各方的广泛重视，它旨在推动地方各类学院的共享，充分发挥各自的优势，以期达到更好的教育效果。近年来，这项政策的推行使得地方各类学院的资源得到有效整合，从而促进地方的经济发展和社会进步。

随着时代的发展，许多高校已经将其丰富的教学活动资源提供给社会，让人们能够更加深刻地理解并享受这些活跃的环境。然而，在中国的高等教育日益普及的过程中，也出现了一系列新的挑战，需要政府采取有效的措施来解决。高校的教学资源变得越发紧缺，而且，由于社会对高素质的人才的需求越来越大，这种矛盾也变得越发明显。越来越多的人希望获得更多的高素质的教育，而高校的教学资源也越发紧缺，这使得高校的发展变得更加困难。通过推行区域性的优质资源共享，可以大大减轻当前存在的社会问题，同时也可以将我国的丰富的高校教学资源传播到全社会，以激励每一个公民充分挖掘和开拓其内在的智慧，从而促进社会的进步和文明的进步。为了实现这一目标，地方性的优秀资源共享将成为推动中国高校走向普及的关键。

然而，目前在中国的教育领域，教师和教学资源的分配存在严重的不均衡。例如，一些高校拥有丰富的教育资源，而另一些高校，如应用型高校，却经常面临教育资源短缺的问题，进而导致应用型高校的资源开放性不够。

二、社会服务意识薄弱

随着时代的发展,高校的办学定位和指导思想也发生了变化,从以往的重视培养精英型人才,到现在更加强调应用知识的积累,高校在转型过程中也不断探索新的发展模式,以适应高等教育的激烈竞争,从而更好地实现高校的转型。虽然应用型高校努力提高学科专业的完备性和学校的整体办学水平,但仍然缺乏为地方经济社会发展做出贡献的意识,以及突出实践性的教学方法和实践性的课程设计和对应用性教育的重视。

"应用"二字的贯彻执行,关键要看"社会服务"的深入人心,而这一切都离不开"社会服务"的精神指引。只有教育工作者广泛、积极地参与社会服务,才能使"应用"二字得到充分的贯彻执行,从而使得"社会服务"得到更好的传播。随着当今科技的飞速发展,知识的传播和获取正在从"形而上"转向"落地",应用型高校教师要想让自己的专业技能得到充分的提升,就必须把握当前的新机遇,积极参与当前的社会活动,从而获取新的信息,提升自身的专业水平,为社会发展做出贡献。应用型高校教师不仅应关注其学术研究成果的数量和质量,还应重视研究成果为他们的专业技能提供的有效支持,以满足社会的需要。

三、与社会联系不紧密

在应用型人才的培养过程中，会遇到各式各样仅靠学校自身不能解决的困难与问题，这就需要政府与社会各界共同参与助力人才培养。人才在成长过程中，环境对其影响很大，"孟母三迁"的典故就是一个很好的解释，对于应用型创新人才的培养同样需要良好的创新环境。创新型人才的创新环境主要包括学校内部环境与社会外界环境，而应用型创新人才是面向区域经济发展、产业创新发展与转型升级的人才，因此，社会外界创新环境对应用型创新人才的培养影响很大。在应用型创新人才的培养过程中，需要学校与社会各界产生良好的互动局面，从而使得学生积极主动地参与到创新实践中，且能及时掌握技术前沿问题。然而，我国应用型高校与社会联系不紧密，应用型高校创新与社会企业创新不同步，应用型高校对于企业现有的技术以及技术升级等前沿性问题不了解，研究内容存在滞后性，而社会企业在创新的过程中缺乏理论支持，导致研究进展缓慢。可见，社会与高校创新环境的断裂会在很大程度上影响应用型创新人才培养的质量。

四、校企合作程度不深入

为了推进社会服务，各大应用型高校正积极探索产教融合之路，以满足当前市场的发展需求，提升自身的社会责任感，并且充分利用企业的优势，探索出一系列有利于推进社会服务的发展之道，以期获得更好的育人成果。尽管如此，在现实情况下，许多产业与学术的结合依旧面临许多挑战。

（一）企业产教融合驱动力不足

当前，许多企业对产教融合的推进缺乏热情其原因主要有二。一方面，许多企业把人才培养视作一种无关紧要的事务，而非真正的投入；另一方面，由于缺乏财务支持，企业也无法充分利用资源，投入人才的培育和发展。企业在选择和聘请资源上的偏好，以及中小企业在认识到产教融合的价值观上的欠缺，导致了地方应用型高校在开展大规模的科技创新活动和技术创新能力的提升上存在明显的差距。同时，政府及行业协会未能充分发挥其在推进产教融合中的重要角色，缺乏有效的引导和指导，使得企业无法积极参与当地的高等院校的人才培养，也未能给予充分的关注，从而使得学生无法得到充分的发展。

（二）应用型高校对产教融合的主导性不足，产教融合效果不够理想

尽管大多数应用型高校都有着悠久的办学历史，并且有着丰富的与企业合作的机会，但由于缺乏充分的财政支持，大多数应用型高校无法充分发挥其主导性的作用，尤其是对于那些刚刚开始走向产教融合的地区更加明显。应用型高校教师实战经验不足，合作企业工作人员又很少符合认证行业导师的学历、成果等要求，所以在人才培养过程中会出现双方理念较难融合的情况。

（三）应用型高校产教融合支持系统建设不足

尽管我国产教融合发展历史较短，但近年来，政府出台了一系列具体政策，以确保产教融合的顺利实施，并且加大了财政经费投入，以促进产教融合的深入发展。由于政府缺乏专项拨款，税收优惠力度不足，以及缺乏针对性的产教融合政策，产教融合的发展受到了限制。此外，缺乏有效的评价体系和监督机制，也使得产教融合的发展受到了影响，无法充分发挥其导向性和创新性，从而影响企业的发展。

第五章

高校社会服务的典型模式与经验借鉴

第一节 国外高校社会服务典型模式

一、美国高校社会服务典型模式

19世纪美国赠地学院运动的发展标志着高校在社会中重要地位的确定,威斯康星大学就是其中的佼佼者,它将自己的使命定位在帮助州政府在各个领域实现其目标,从而赋予大学以更多的社会服务功能。随着时代的进步,社会服务已被视作大学的第三职能,而不再仅仅局限于传统的教学和科研。美国作为开拓高校社会服务职能的先驱,通过创立各种类型的高校,如社区学院、研究型高校等,大大提升了高校的社会服务水平,有效促进了美国的经济增长和社会进步。麻省理工学院和康奈尔大学作为全球知名的学府，始终坚持强调以实践为导向，将学术和科研紧密联系起来，以解决当下的经济问题和社会挑战为目标，不断提升和改进大学的社会服务功能。

(一) 美国高校社会服务模式

辩证法的否定观认为"一切事物都是处于发展变化之中的，新生事物代表着事物的发展方向，是适应某段时期的发展条件应运而生的，具有强大的生命力"，从美国高校社会服务模式的历史演进来看，美国高校的社会服务模式遵循了事物发展的一般规律。随着美国历史的发展，美国高校社会服务模式不是一成不变的，而是随着国家经济、政治、文化、科技等的不断发展而变化。美国高校社会服务从确立至今已经探索了多种模式，根据高校与社会的交互状态，可将其归纳为两大类：以"自我为中心"的社会服务模式和以"他方为中心"的社会服务模式。

1. 以"自我为中心"的社会服务模式

以"自我为中心"的社会服务模式在美国兴起于1862年，是以早期威斯康星大学为代表，主要是指以高校为中心，向社会提供知识、信息、咨询、教育的"高校主导模式"，这一模式中被服务者被动地接受高校提供的服务，是一种单向输出行为。服务形式主要有：

(1) 美国的高校通过不断改进和完善其基础设施，使其成为一个充满活力的公共空间。高校不仅拥有先进的教学和实验设施，而且拥有完善的运动和休闲活动。高校不仅仅只是一个公共空间，而且也是一个公共的机构，允许更多的公民参与其中。其服务范围涵盖了多个领域，因此，根据受众的特殊需求，美国高校的服务水平也有着明显的差异。例如，美国高校特别关注残障人士、老年人、孩子等特定人群，并且定期向这些人群提供优质的设备、舒适的环境，致力于服务社会，包括但不限于提供教室、运动场、实验室和其他必要资源，并且始终如一，绝对没有任何商业目的。

（2）倡导大学致力于为社会带来更多的知识和技能，以便更好地满足当下的需求，并为其未来发展做出贡献。美国教育家卡尔顿·J. H. 海斯（Carlt J. H. Hayes）曾经强调，教师如果只关注自己的教育工作，却忽略了为社会带来更多的知识和技能，那么他们只能算得上完成了自己的职责。海斯深知普及知识的重要性，因此他积极号召威斯康星大学的学者和教师们采取实际行动，结合当地的实际情况，以深入浅出的方法讲授知识，以改变当地居民的行为习惯。海斯的努力让威斯康星大学的学子们受益匪浅，威斯康星大学特地设立"发展学部"（The University Extension），旨在让5000多名学子获得更多的学术资源，同时，学院的福利部门也致力于帮助学子们更好地理解政治、经济、教育、卫生和其他领域的相关信息，此外，学院的实验室资源也面向全国开放，并通过讲座的形式科普当前的环境挑战，从而推进科学技术进步。同时，威斯康星大学给当地的社会组织提供各种优惠,如邮购并精心挑选文献等,通过这些活动,威斯康星大学与其所在州紧密联系,应用型人才培养与社会服务理念传播。

(3)致力于通过多种形式的咨询活动来满足不同的需求,其中包括但不限于为政府部门提供专家建议,对公众进行技术培训,以及开展各种实用的科技项目,以期更好地满足公共需求,促进公共利益的实施。威斯康星大学的学者们,包括社会学、经济学、农学和政治学等多个学术领域的杰出学者,已经成功地从事了非政治服务的工作,他们以其丰富的学术知识和实践能力,为政府部门提供了有价值的学术和实践支持,从而推动了威斯康星大学的学术发展。卡尔顿·J. H. 海斯校长的行动激励着许多不同的人,他不仅担任多个公共委员会的主席,而且还带头推动着许多不同领域的社会服务活动,他的努力并非仅局限于教育,还是广泛着眼于社会实践。他的行动激励着许多人,他不仅仅是教授,还是社会的推动者,他的努力被广泛认可。

2. 以"他方为中心"的社会服务模式

以"他方为中心"的社会服务模式强调了高校应该与社会第三方建立良好的合作关系,以便更好地满足社会的需求,并且能够更好地把握对方的发展动态,从而更有效地实现"产学研合作"和"大学—社区参与"的目标。

(1)产学研合作模式

20世纪50年代,美国开始出现一种全新的高校参与社会服务的模式——产学研合作模式,它将美国的大学和科研院所紧密结合,共同推动高科技的进步,使得美国大学能够更好地满足社会的需求,从而实现了一种全新的、更有效的教育模式。产学研合作模式能够促进大学和企业、科研院所之间的交流和合作,以提升大学的教育质量和创新能力,并帮助其实现大量的创新和技术转移,通过产学研合作,美国高校深度参与社会服务。

美国政府的高等教育机构采取了许多不同的方法来促进产学研的合作。第一,建造一批专注于高等教育的科技园区。这些园区位于高等教育机构的聚集区,并且这些机构会借助于专家团队来提供最前沿的技术服务。1951年,"斯坦福大学研究园"创办,这是一个以学校为基础的研究机构;128号公路高科技园区是以企业为基础的研究机构;北卡三角研究园则是以政府为基础的研究机构。为了更好地发挥大学校园的优势,许多园区都将其作为大学校园的重要组成部分,以满足科学技术发展的需求。硅谷科技园紧靠斯坦福大学和加州理工大学,国家金三角科技园紧靠北卡罗来纳高校和杜克大学。借助全球顶尖的企业,比如,通用汽车公司、微软公司、苹果公司和沃尔玛等,校企双方能够加强科研、教育和工业的联系,实现彼此的共赢。第二,建立企业孵化器。企业孵化器(Business Incubator）是一种为了给小企业和产品创新提供辅导的一个机构。其主要作用就是培育出具有创新性以及技术密集型的初创企业，并为其成长提供一系列服务设备、设施、融资援助、技术与管理咨询服务，为相关专家和企业家们创造更多交流的机会，降低初创企业成长中的失败率，让小企业从中积累经验，以此孵化出一批科技型企业。第三，工业—大学合作研究中心。工业—大学合作研究中心在美国产学研协同创新模式中是最完善的一种，它主要是由美国国家科学基金会实施管理，高等院校是研究的主要基地，围绕企业的要求开展课题研究。

至今，美国共建立120个联盟性的研究组织，其参与的主体包括国内的研究机构、联邦政府机关、行业社团和各类高等院校。通过共同开发以推动科技发展，满足不同科技领域的需求，借助联邦实验室、大学、国家科研机构以及其他各类组织的联盟，通过合作满足各类客户的技术创新需求。

（2）大学—社区参与模式

20世纪90年代以来，美国政府及民众开始更加重视高校的作用，他们要求高校主动融入当地社会，改变办学理念，加强与其他社会组织的合作，共同为当地的经济发展及繁荣做出贡献，从而使得高校的社会服务功能得到更加全面的发挥。1990年欧内斯特·博耶（Ernest Boyer）发表了著名的《学术百思：教授工作的重点》，该报告及其核心理念对美国高等教育实践产生了积极而深远的影响。

"大学—社区参与"模式的重点在于提供专注的、有效的、可持续的解决方案，它的受众群体不仅仅局限在"大学—社区"，还可能涵盖到许多不同的领域，如慈善、房地产、医疗、法律、环保、文化、社交、媒介、社工、志愿者、新兴行为理念、新兴技术、新兴文化等。主要有以下四种模式：

第一，衔接理论与实践，提升学习质量。美国州立大学在这一方面颇有造诣，它们提供了服务学习（Service Learning）、顶点课程（Capstone Courses）等社区服务。服务学习的概念最初由"美国南部地区教育委员会"提出，其后，不同的学者对其有着不同的定义，其中最权威的理解由"全国服务—学习交流中心（National Service-learning Clearing house，NSLC）"在官网提出，认为服务—学习是一种教与学的策略，其目的是将理论学习、社会实践以及结构化反思相结合，让参与者在情境中学习，从而使公民富有促进社区发展的使命和责任感。并且这一策略受到国家的高度重视，美国于1990年颁布《国家和社区服务法》（National and Community Service Act of 1990）和《国家和社区服务信托法》（National and Community Service Trust Act），保障服务学习策略的实施。除此之外，它还具有教育性、服务与学习并重性、贯穿服务与学习每个阶段的反思性以及服务提供者与被服务者的互惠性等特征。顶点课堂旨在帮助学员更好地融入社会，以及更好地应对日常生活，它以团队协作和项目为核心，引导学员更好地把所学到的理论知识应用到实践当中，从而更好地满足社会发展需求。顶点课堂能够帮助学员在获取基础知识的同时，也将知识、技术、理论结合起来，运用到自身的实际工作中，使其成为一种有效的职场资源，同时引导学员在职场中不断探究、反省、总结，使其具有真正的价值。波特兰州立大学早已把社会实践作为学习的重要内容，从1995年起，学校便把社会实践融到学习和交流的环境之中，让学习者和当地居民能够互相学习、互相帮助，从而达到更好的学习效果。2019年，为推动可持续发展，美国州立大学推出了众多相关课程，涵盖395个主题，例如，美国"自行车：波特兰的替代运输问题"一项特色的选修课，旨在探讨波特兰地区的替换交通运输，特别强调自行车交通对于环境保护的重要性。综上可见，顶点课程策略在引导学员融入社会，正确理解社会问题，提升居民整体素质方面发挥了巨大作用。

第二，增加服务项目，拓宽服务领域。在新的历史时期，美国许多高校的服务项目在原有基础上不断增多数量，而且拓宽了服务项目的领域以及服务的人群，使得服务项目类型更加丰富多彩。例如，密歇根州立大学就将服务活动扩展到州内83个县，为校外人士开展多种类型的学术项目、专业项目和证书项目；20000多人参与80多个项目，涉及教育、社会生态学、艺术、人类健康、工程、农业、自然资源等多个领域。密歇根州立大学（MSU）社区音乐学院（CMS）是密歇根州立大学音乐学院的一个分支，为社区的所有居民提供音乐教育和音乐治疗，无论其年龄、能力或收入如何，并且将参与的社区公众作为评选奖学金的核心成员。密歇根州立大学在2015年为该校的教育学院和底特律公立学校的合作项目颁发了社区参与学术奖，此项目给底特律有需要的孩子们带去了数学与科学教育，为那些孩子未来适应学校和社会生活做了准备。

第三，搭建跨越地域的交流桥梁，携手应对世界各地的挑战，从而实现大学和社会的新型合作。当今，世界各地面临着诸多挑战，为应对这些挑战，促进各方之间的合作和沟通已成为一项意义重大的跨文明合作行动。其中，最重要的一环就是加强对卫生、教育、环境和资源等领域的合作，从而实现可持续发展。

第四，通过应用先进的IT技术，扩大高校的服务范围。21世纪初，随着科技的飞速发展，一些先进的教育方法广泛推广，如广泛推广"名校公开课""电台""习明纳"，已经成功地被普遍采用，既满足了当地人的需求，又能够将最先进的IT技术带到世界各地，从而使"远程教育"成功地被普遍采用。随着科学技术的飞速发展，许多传统的教育方法已经无法满足当今社会的需求，因此，许多新型的科学技术应运而生，它们既可以有效地降低劳动力的消耗，又可以极大地改善工作的效率，例如，莫格里奇中心推出的一种便捷的志愿者注册体系等。美国政府正在推动建设一系列具有国际竞争力的互联网平台，包括独家新闻、推特（Twitter）、脸书（Facebook）等，这些平台旨在拓展学生的社交圈，提升学生的学习能力和社会参与度。

(二) 美国高校社会服务模式的特点

美国大学的社会服务模式具有"五性三化"的显著特点，包括动态性、地方性、针对性、互惠性、学术性和多元化、国际化、规范化。

1. 动态性

辩证唯物主义的观点认为，物质的活力来源于其内在的客观规律，它的本质就在于它的客观性，即物质的活力可以在一定的范围内持续，但同样可以在一定的范围内受限。美国的大学社会服务模式正好符合了辩证唯物主义的观点，因此，美国大学的社会服务模式在一定的范围内持续攻进，满足了当前的社会需求。"以自我为中心"和"被动地提供服务"的理念，以及"以他方为中心"和"动力站"的理念，反映出美国大学在为社会提供服务方面，理念的不断发展和演化。"以自我为中心"旨在为学生们提供专业的指导和教育，"以他方为中心"则更加关注学生的实际情况，以满足社会的实际需要。

2. 地方性

德里克·博克曾经指出，大学校园因其丰富的图书、研究所、课堂和办公区等设施而作为当地社区的组成部分，它们不仅吸引着周围社区的人们，而且还能够吸引到大量的学生，从而使得高校变成社区的焦点。美国大学校园与周边社区之间存在着密切联系，学校受到周边居民的关注。美国高校学术机构一直致力于满足当地社会需求，从殖民时期开始，哈佛大学就致力于培养出具备学术素质和技能的教师，弗吉尼亚州立大学则致力于推动当地社区经济发展，而康奈尔大学和威斯康星大学则将社会服务作为其最重要的宗旨，以此来推动当地社会经济发展和社会进步。美国大学一直致力于为当地居民提供优质的社会服务，这一点是显而易见的。

3. 针对性

美国大学致力于为社区带来更多的便利，并且积极参与到这一活动之中。为了满足社区的需求，美国高校积极探索新的方法，并且定期更新其服务项目。这样，高校的社区服务工作才能更加有效地满足社区居民的需求。美国联邦州立大学通过精心设计课程来满足当地的特殊需求，这些课程的选择旨在为所在社区居民提供更多的实用技能和职业发展机遇。美国联邦州立大学重点关注哪些课程更加有前景，哪些课程更加实用，哪些课程更具有挑战性。1925年，威斯康星校友研发基金会建立，作为全美最先建立的高校知识产权管理和转化组织之一，致力于为学校的专利提供全面的支持，包括转化、申报、权益保护和管理等。

4. 互惠性

在进行社会服务的过程中，美国高校从注重单向的输出向双方共同参与转变，更加注重各参与主体的相互协作，以满足各参与主体的需要，形成了一种合作伙伴的关系，这主要从新型的社会服务模式，即大学—社区参与模式中体现出来。服务主体关系的转变，即服务者与被服务者从被动地提供服务向主动提供服务转变是美国社会服务职能不断完善的体现，也是符合当下社会发展需求的体现。美国高校社会服务的互惠性主要表现在两方面：一是共同参与，"社区"不是作为被服务者，而是社会服务的合作伙伴。双方共同制订、实施和评价活动计划，大学和社区均可作为活动的发起者。与此同时，为了提高社区的参与度和满意度，社区和其成员扮演的角色和发挥的作用在活动过程中应充分考虑。二是互利共赢，互利互惠是社区参与型学术活动的出发点，大学和社区均应得到提升和发展。在大学和社区合作过程中，大学能够从实践中为教学、科研和社会服务的拓展提供依据，并接收到学术范式的创新、教学实践平台拓展等资源上的支持；同时社区成员的整体素养得到了提升，并解决了关于环境、教育和安全等一系列问题。

5. 学术性

高校社会服务不仅仅是"志愿服务"，它更多是从实践活动中获取、推广、维护和利用社会信息的能力，以及将这些信息转化成有价值的见解，从而更好地满足社会的需求。通过引入学术思想，能够更好地发挥大学在促进社会进步方面的贡献，并且把学术思想融入日常工作之中。比如，在推动产学研相互促进的过程中，只有借助大学的人才优势，培养出具备优秀的教育背景、扎实的学术功底的学者，才能够在未来的工程项目中取得更好的效果。美国的高校不仅与其他领域的教育机构一样发挥社会服务的职责，还致力于以其学术性帮助社会解决当前问题，扮演着重要的社会角色。

6. 多元化

美国大学的社会服务模式十分丰富，既有校企合作，也有高校与研究机构和社区之间的合作，这些合作方式都具有很大的灵活性。通过这些合作，美国大学能够为社会提供多种模式的服务。美国高校正在努力探索多种服务模式，其中包括提供基础设施、传授知识、提供咨询等，并且通过产学研结合的方式，为社会发展做出贡献。这些服务模式旨在满足社会的需求，并且能够适应社会的变化。

7. 国际化

美国大学始终努力将国际化作为其发展的重要方向，以应对日益复杂的国际问题。这些问题往往需要跨越国界，而美国大学也意识到了这一点，并将其融入社会服务的实践中。自2010年以来，威斯康星大学一直致力于建立一个跨越国界的"无国界的威斯康星项目"，与世界各地的大学、健康组织、国际学习和实习项目等机构建立伙伴关系，以此鼓励学生和教师跨越地域和学科的界限，共同探索解决国际化问题的路径。因此，国际化被视为未来发展的重要方向，予以高度重视。

8. 规范化

1862年《莫雷尔法案》标志着美国大学公共服务的第一次实施，随后《哈奇法》（1887年）、《为宪法辩护》（1906）、《史密斯—莱沃法》（1914年）、《为民主提供公共服务的高等教育》（1947年）、《高等教育法》（1965年）、《贝赫—多尔法案》（1980年）、《2000年目标：美国教育法》（1993年）等系列法令，都明确提及大学公共服务的重要性，并且这些法令的实施，使得美国大学的社会服务体系得以持续完善，从而推动美国大学的社会服务模式的持续改进和创新。美国国家高等教育机构通过建立完善的保障机制，将公共服务纳入教学机构的责任，并且设置相应的考核指标，以便更好地监督和管理这些机构，更好地发挥它们应尽的职责。这样，不仅可以更好地促进教学机构和学生间的互动，也可以更准确、更全面地反映出教学机构和学生间的关联。

二、英国高校社会服务典型模式

推崇"自由教育"、精英教育和学院式教育是英国高等教育的传统，即便如此，面临区域发展的新形势，英国高等教育也在不断调整和改革，不断加强高等教育和地区发展的互动。20世纪80年代后，英国政府、大学、企业形成合作网络关系，通过对合作网络的治理，采取不同的网络治理模式拓展大学的社会服务途径，具体如下：

（一）政府优化校企合作环境搭建校企合作平台

1975年，英国政府发起并推出"教学公司"，旨在加强大学与工厂之间的互动，帮助其应对日常工作中的挑战。这一机制的出现，使得大学和工厂之间的沟通变得更加便捷，并且，大学也得以参加"教学公司"，从而获得更多的知识和更多的经验，从而更好地服务工厂的发展。联合申报项目获得教学公司批准后，该项目技术研发所需经费的50%~70%由教学公司资助，此外，项目的受托方还需详细制订行动计划，教学公司每季度对项目的实施和进展情况进行监督检查。由于政府的积极推动，项目的开发和实施得到了可靠的保障；同时，高校的先进技术和管理思想也为产业界带来了巨大的改变，不仅提升了产品的质量，还降低了成本，提升了效益，为科研和教学带来了新的机遇。

从1998年到2009年，英国政府采取行动，把英格兰地区划分成9个不同的发展区，并在这些区域内设置了由政府部门、大学以及其他社团组成的三方联盟，以促进当地的经济社会进步。该联盟将区域大学的优势与其他利益相关者共享，促进了大学对区域经济、社会和文化发展的贡献，并促进了区域发展进程。由于参与主体的多样性、服务对象的广泛性和服务内容的全面性，英国政府给予了各项政策支持，出台了一系列财政税收鼓励政策，充分发挥公共政策的导向作用。政府通过拨款给大学，来帮助它们在地方的建设中取得成功。这些拨款包括重建预算基金、地方基础设施建设基金、教育产业基金、教育创新基金。这些基金旨在帮助大学在地方的建设中取得成功，并在地方的经济中取得更大的成功。税收方面，英国政府实施了免税政策和"更有效"的税收信贷政策，大大增强了英国高校与企业合作的积极性，进一步推动了双方的紧密合作。

（二）高校主动回应区域经济社会发展需求创建大学科技园

通过在大学中设置科学研究机构、技术孵化器和科学研究中心，大学可以和工业界紧密联系，共同探索和利用科学研究成果，从而提升当地的科学研究水平，并有助于当地的社会和经济的可持续发展。例如，剑桥大学的达尔文在1881年就成功成立了剑桥科学研究仪器设备有限公司。华威大学1994年以股份制的形式建成了"华威科学园区"，是继剑桥大学科学园之后英国的第二大科学园。该科学园的主要职能是强化与工业界的联系，目的是培育、孵化高新技术企业，特别是具有创新能力的中小企业。大学科技园的创立使有价值的科研成果不断涌入，同时，英国政府针对中小企业和科技园内的企业，在融资、税收、员工待遇等方面实施了一系列优惠政策，因而，大学科技园在地方经济发展中发挥了积极的作用，为企业提供智力支持。

（三）高校开展继续教育、终身教育满足企业人才需求

英国高校的另一个举措是开展继续教育、终身教育满足企

业人才需求。在英国，大学针对企业所需，利用自身的教学资源，培训已在公司就职的年轻大学毕业生，为企业员工提供继续教育的途径，以提高公司的管理水平。另一个举措是高校和企业人员互动交流。英国高校和企业之间进行相互人员交流，企业聘请高校教师携带科技成果到企业进行转化，在企业几乎不增加成本的情况下为企业带来新的发展机遇，高校聘请企业具有丰富实践经验的技术带头人到高校担任导师，提高人才培养质量。

（四）开放图书、实验、娱乐设施为社区服务

英国许多大学以自身的优良设备和较高的教学质量进行商业培训或直接利用学校的设施为社会服务。大学的图书馆、艺术馆、戏院、音乐厅、博物馆、电影院等文化场所经常举办各种文化活动，既促进社会融合、减少犯罪，又极大地丰富了所在地区居民的文化生活，而且促进了当地旅游产业和旅游文化的发展。

三、日本高校社会服务典型模式

（一）日本高校社会服务模式

日本大学的社会服务功能在"二战"之后迅速发展，并逐渐形成了一套完善的社会服务体系，涵盖了"校内资源共享"的校内服务以及"产官学研合作"的校外服务，为社会提供了

多元化的服务。

1."校内资源共享"的校内服务模式

"校内资源共享"的校内服务模式旨在为社会提供更多的便利,其核心理念是利用学校的资源和设施,为社会提供更多的支持,从而实现高校的全面发展。

(1)图书馆开放制度。日本大学积极推动学校图书馆向公众开放,1952年,制定《完善学校图书室纲要》,并且不断推行新的改革,1986年,又发表《对于当前日本国立大学图书室进行开放咨询服务的对策》,以满足日益增长的公众服务需求,并且不断拓宽学生的学习视野,以更好地服务于公众。1996年,日本国立大学图书室发表《新设私立高校图书室改进纲要》,以此为基础,大力推动图书室对公众开放;2004年,日本国家图书馆更是实施了无论是何种类型、何种用途,都可以共同利用图书馆资源的政策,许多学校都提供图书室和相关的学习和研究场所。这些机构都是为了满足不同的读者的需求,并且通过合理的政策,为他们提供优质的图书馆资源和学习环境。

(2)志愿者服务活动。1995年,阪神大地震激起了日本高校社会服务的热情,使日本的志愿服务行为达到了前所未有的高度。为了更好地推进志愿服务行为,日本大学的志愿服务教学管理也随之获得广泛关注,成为日本社会服务行业的核心组成部分。日本高校的"志愿服务"理念被作为义工教育的基础，它将地方、学术和实践结合起来，意在培育学生的责任心和敬业精神。为了实现这一目标，高校进行了一系列的改革和创新。其一，从学校层面实行有效的政策；其二，二级教学院层面提供有助于学生志愿实践的课程；其三，学院成立专门的管理部门保障志愿服务的实施。1995年1月阪神·淡路岛大地震之后，立命馆大学迅速采取行动，将学生作为核心，创办了志愿服务信息中心，2004年又增加志愿服务教学管理中心，2005年文部科学省更是颁布"现代教育需求援助计划项目"，大力推动该学院的志愿服务，并制订一套完善的、覆盖整个学院的服务计划。

（3）制定成人招生制度。日本高校开展的成人招生主要是面向社会招收已经在岗的社会人士进入大学学习，学生年龄一般都大于高校适龄人口，主要任务是通过在岗培训来拓展知识，帮助他们解决工作中遇到的难题。其招收的学生分为两类：一类是"履修生"或称为进修生，他们需要学习学校规定的科目和专业，并参加考试，考试合格后学校为其颁发某专业或科目的修业证书；另一类是旁听生，他们参与旁听，不必参与考试，学校也不给他们颁发任何证书。部分学校在招收学生的过程中做出了相应的要求。例如，要求学生要具备高中毕业文凭或者有同等学力证明；还有部分学校在年龄、职业、工作经验以及工作单位推荐等条件上做出了相应的规定，但是在进入学校后就和学校的普通大学生享受同等待遇。由于这些学生基本上是已在岗者，教学时间通常被安排在工作日晚上、周六、周日以及寒暑假；还有一部分学校在教学计划上也做了相应的调整，例如，外语和体育不作为必修科目。此外，一些学校还给成人学生颁奖，并且规定60岁以上的入学者具有免费入学以及减少课时的优待。

（4）开展面向社会的公开讲座。日本大学定期举办各种形式的公开讲座，旨在普及专业知识，并且大多数讲座是免费的。这些讲座涵盖了各种不同的领域，从人生问题、社会与环境问题，到实用知识，甚至还包括资格考试等。

（5）校园基础设施对社会开放。高校大门向社会敞开也是高校为社会提供服务的一种方式。在日本，多数高校已打破围墙的设置，向校外人士开放体育馆、运动场、教室等基础设施；校外人员可以自由进出高校，但有部分高校会设立门岗，校外人员进入需出示证件或登记，还有部分高校对幼儿和中小学生进入大学校园有相关的要求，例如，幼儿进入大学校园需家长陪同或教师引导，部分学校会禁止中小学生进入校园嬉戏与运动。

2. "产官学研合作"的校外服务模式

"产官学研合作"的校外服务模式旨在通过与企业、政府和研究机构的交流与合作，深入洞察社会发展的趋势，并将其转化为实际的服务，以满足社会的需求。"产官学研合作"的校外服务模式更加注重实践性，以满足社会的实际需求为核心，并且更加注重实践性的教育，从而推动了日本高校的校外社会服务模式的发展。

政府发挥主导作用，成为推动高校和企业、政府、社会组织和学术界的有效桥梁，推动各方相互学习和发展。政府采取了多项措施，包括提供专门的培训、支持学术活动和协助学术会议，来推动高校和企业的互动和发展。针对科技转移和研发交流活动，政府出台了多项政策，包括《高等学校科技转移推进法》《研发交流活动推进法》《生产技术能力强化法》《鼓励高等学校向民用转让相关科学技术的成果的规定》，还有《国家大学法人化》，这些政策旨在促进技术转化和研发交流活动，提升产业科技水平。为了实现企业与高校的共同发展，政府还投入更多的财力，并且在相关领域设置更多的专家学者，以促进在市场调研、信息服务、数据分析、专利维护等领域的"产官学研合作"。

为了推动经济社会发展的可持续性，政府采用了多项有力的措施，包括支持高校开展技术密集型地区规划等"专题讲座"，推动高新技术的蓬勃发展，并且采用多项激励性的政策，以促进企业对技术密集型地区的投入，同时也为高等院所及其他科研机构提供了良好的技术支持。政府积极推动对技术密集型地区的经济社会可持续发展，采用实施税收政策优待、财税补助、低利信贷或者其他多种措施，全力以赴推动地区经济社会的可持续性，达到地区经济的可持续发展，增强其自主创新能力。日本政府一直高度重视政府、大公司、高校之间的协同发展，注重推动产业、教育、科技等领域的交流，为社会带来更多的福祉。

20世纪80年代，日本政府第一次在"通商产业政策的展望"中，将"民学官"改名为"产学官"，将产业界和学术界的合作作为国家发展的重要战略，通过共同研发、建立科技园区以及委托培训等方式，大力推动高校与企业之间的合作，取得了显著的成效。通过共同研究，企业、大学和科学研究机构三者共同建立一支具有专业技能的团队，以满足企业的发展需求，并共同开展研究工作。共同研究模式主要有两种：第一种是以高校或企业为中心，双方共同投入资源，包括人力、物力、财力等，开展实践性、创新性的合作研究；第二种是通过开展更多的实际应用研发，提升企业的竞争力，从而推动企业的发展。委托研究是一种独特的研究方式，它将企业的研究项目完全转交给高校和研究机构，由高校和研究机构组建一支专家小组，利用其资源和技术，进行深入的探索，企业只提供资金支持，以支持专家小组的研究工作。这种方式可以让企业更好地实现其研究目标，并且可以更有效地实现其研发计划。企业可以通过委托的方式将所需的研发任务完全交由高校或科研机构来实施，而高校或科研机构也可以派出专业的技术人员前往企业参与研发工作。官产学研合作是推动日本科学技术创新的重要渠道、推动高校自身发展和人才培养的重要手段，现已

应用型高校社会服务能力分析 >>>

被纳入日本的基本国策，也是高校社会服务的重要渠道。这种外部社会服务模式主要是借鉴西方国家，尤其是美国的经验，是在结合自身国情的基础上进行吸收与借鉴的产物。主要体现在以下几方面：第一，"以官方为主导，作为立国之策"；第二，"从企业需求出发，构建了产官学研合作的创新体系"，日本国家科技计划中的重大产业化项目主要采用产官学研合作方式，从企业的发展需求出发，政府鼓励企业与科研机构和大学联合申请国家重大科研项目，同时鼓励中小企业参与国家科技计划项目；第三，"技术转移组织，加强科技成果产业化"，技术转移组织的建立，给企业、高校和研究机构之间良好的沟通架起了一座桥梁，促进高校、科研机构的研究项目直接进行产业化。

1980年，日本确立了"技术立国"的科技发展战略[1]，以科学城和技术城为核心，开启了日本科学技术园区的新篇章。日方当局借鉴美国硅谷的经验，大力投入资金，建设科学城和技术园，以推动日本科学技术的蓬勃发展。1963年，筑波科学城正式启动，并于1980年竣工，随后，日本又陆续建立了一系列科学技术园，包括关西科学城、横滨科学技术园、九州科学技术园、神奈川科学技术园区、广岛新科学技术园和熊本科学技术城，2002年，文部科学技术省发布"科学技术人员创

---

[1] 马可. 日本科技政策的历史沿革［J］. 科技信息，2010（27）：114-115.

新行动计划",日本硅谷也随之崛起。日本大学科技园的建立受到了政府部门的大力支持,政府部门参与了科技园区的规划、审批、建设和运营,并且从多个渠道获得了资金支持。此外,科技园还拥有丰富的人力资本,包括高校、科研机构、国有企业和私营企业等,为科技园的建设提供了强大的支持。通过有效的资源整合,科技园的建设和高新技术的应用得到了显著的推动和提升。

(二) 日本高校社会服务模式的特点

1. 立足国家社会的需要开展服务

日本大学致力于满足国家的需求,以实用主义和功利主义为指导,推动社会经济发展,以及科学技术的进步,因此,日本大学与传统"象牙塔"大学形成了鲜明的对比。日本大学一直致力于为国家服务,这种理念贯穿日本大学的各方面,包括开展社会服务活动,以支持和引导国家和社会的发展。这是日本大学的天职,也是它们不可推卸的责任。日本大学致力于为国家和社会提供有效的服务,并不断努力提升自身的社会服务能力,以促进学校与国家和社会的共同发展。

2. 政策法律保障措施完善

法律法规是日本高校社会服务顺利开展的保障。日本是一个具有浓厚的"国家主义色彩"的国家,政府在高校发展中占据着主导性的作用,通过颁布法律与政策的形式对高校社会服务进行引导与控制。日本政府颁布了一系列的政策和法律文件，鼓励和支持高校更好地服务社会，保障了高校社会服务的长期性。日本政府颁布了一系列激励大学社会服务的政策法规，加强企业、学校以及研究机构之间的合作，如《大学技术转移促进法》《研究沟通促进法》《知识产权基本法》《工业技术能力提升法》《促进大学等向民间转移有关技术的研究成果法》等，这一系列法律的颁布促进日本大学向社会敞开大门，加强了与社会的联系并使之更加规范和长远，避免了合作中可能出现的麻烦和纷争。

3. "互利互惠"的合作原则

在向社会提供服务的过程中，大学既是为社会服务的服务者，也是社会服务的被服务者，大学社会服务的过程既是对社会服务的一种反馈，也是大学发展到一定阶段的产物。日本高校向社会提供服务并非仅高校向社会单方的付出，而是一种双方各取所需和互利互惠的服务形式。这种合作的优势表现在两方面：一方面是高校在向社会提供服务的过程中充分加强了高校自身与社会的联系，打破了高校"象牙塔"式的发展模式，在全球化、信息化的时代背景下，使得高校与时代发展接轨；另一方面是企业通过高校提供的社会服务，可以顺利解决企业高层次人才的需求问题以及科学理论与生产技术缺乏的问题。日本政府为了加强高校和企业的沟通，更好地促进双方合作，搭建了一些平台，如"共同研究中心""技术成果转移组织"等。

4."内外兼容"的服务范围覆盖

日本大学将"走出去"的理念融入实践当中，以满足日本社会的多样化需求，并且不断深化"走出去"的理念，以期达到最佳的效果。日本大学的各种实体机构，如共同研究中心、科技园、咨询中心等，为学生提供多样的学习环境，推动学术交叉、资源整合，为学术界、政府、企业和社会提供更加全面的服务，从而推动大学的社会服务工作更加规范和完善。

第二节　国内高校社会服务典型模式

美国著名的教育社会学家马丁·特罗教授提出了高等教育大众化"三阶段理论"，指出由于高等院校的持续扩张，18～22岁年龄段中高等教育的毛入学率会不断提升，并经历"精英""大众""普及"三个阶段，这就意味着必须对大学内部的教学机制和方式进行改革，以适应不同阶段社会对人才的需求。① 2019年，中国的高校毛入学率达51.6%，② 2020年，这个数字上升至54.4%，③ 这表明中国的高校正在走向平民化。

---

① 别敦荣. 普及化高等教育的基本逻辑［J］. 中国高教研究，2016（3）：31-42.
② 杨冬. 普及化阶段的一流本科教育：基本特征与实践路径［J］. 现代教育管理，2021（10）：54-62.
③ 教育部.2020年全国教育事业发展统计公报［EB/OL］. 中华人民共和国教育部政府门户网站，2021-08-27.

在这个过程中，高校的基本服务也在不断地改善。由于中国基础教育的发展，许多地方性的高等院校也跟上了这一趋势。这些高等院校不仅仅局限于社区，还与企业和科技界紧密联系，形成了一种新的、互动的、协同的、多元的高等教育体系。为了更好地为人民群众提供优质的教育，这些地方性的高校正在努力推动这一过程。

一、深化产教融合

在当今时代，地方高等院校正在努力推进产教紧密结合，以更好地满足当地的需求。产教融合的目的在于让高校更好地满足当地的需求，并且在保持其办学质量和办学风格的同时，也努力培养和壮大其在当地的核心竞争力。2015年10月，教育部、国家发展改革委、财政部三部门联合印发《关于引导部分地方普通本科高校向应用型转变的指导意见》（教发〔2015〕7号），该意见强调，高等学校应以改革创新的精神，把教育办学理念切实转化为服务于地方经济社会发展，强化产教紧密结合，推进校企合作，推进高等教育普及，促进高校发展的可持续性。2017年12月，国务院办公厅发布《关于深化产教融合的若干意见》（国办发〔2017〕95号）[1]，强调了加强高等院校的产教结合，以更好地满足当前社会需求，促进教

---

[1] 教育部.2020年全国教育事业发展统计公报［EB/OL］.中华人民共和国教育部政府门户网站，2021-08-27.

育链、人才链与产业链、创新链有机衔接，充分调动企业参与产教融合的积极性和主动性，全面推行校企协同育人，增强高等教育对经济发展和产业升级的贡献。应用型高校应积极参与当地的经济、文化、社会建设，努力把自身建设成当地经济社会发展的重要支柱，不断改善自身的办学条件，加强内部的结构调整，拓宽招生渠道，增强学生的就业能力，更好地满足当地的就业市场的需求，从而更好地促进当地的可持续发展。通过加强产业与教育的结合，促进双方的利益最大化。

二、参与学习型社会构建

2023年，教育部发布了《关于印发〈学习型社会建设重点任务〉的通知》，指出要把建设学习型社会、学习型大国作为建设教育强国的战略举措，调动社会上一切可利用的学习资源，打通家庭教育、学校教育、社会教育各环节，构建网络化、数字化、个性化、终身化的教育体系。在学习型社会构建过程中，高校的积极融入对构建资源融通与共建共享的终身学习公共服务平台，实现优质资源整合与共享开放具有重要意义。

当前，应用型高校参与学习型社会构建即打造一种以学习者为中心的、全民共同参与的、全面发展的理念为基础的社会学习氛围，以适应各种群体的多样化需要，真正实现全民共同参与的教育。

"学习型社会"这一概念由美国学者罗伯特·哈钦斯于1968年在其著作《学习型社会》中首次提出。哈钦斯主张向任何人提供任何人生发展阶段的任何学习机会。他认为，学习型社会的主要内涵是除了能够为人们在成年后提供继续教育之外，还能够帮助人们成功实现个人价值的增值。1972年，联合国教科文组织发布《学会生存——教育世界的今天和明天》研究报告，首次将"学习型社会"与"终身学习"并列，认为在21世纪"学会生存"就是要把学习当成一种生活方式，树立终身学习的理念，"学习型社会"的一个重要标志就是学习成为整个社会成员一项经常的重要活动。该研究报告强调："一个社会既然赋予了教育这样重要的地位和这样崇高的价值，那么这个社会就应该有一个它应有的名称——我们称之为'学习型社会'。"

　　当前，我国已经迈入了一种充分利用现代科技手段提高自主创新能力、实现可持续发展的新时代，构建学习型社会，不仅有助于提升我国的整体综合实力，也有助于促进社会的可持续健康发展，更有助于适应人类不断变化的多样性、持久化的教育需要。党的十八大报告提出，必须深刻认识到实现终身学习的重要性，致力探寻中国特色学习型社会建设新途径。十九大报告更是明确"加速建设学习型社会，大力提高国民素质"，即打破传统的时空界限，让每一位公民都能够获得平等的机遇，从多个角度、多个方向获取知识，从而实现全民共享的环境，构筑一种充满活力的、可持续的氛围。教育部发布了《学习型社会建设重点任务》的通知，在文件中"高校"出现频次多达15次，可见高校在构建学习型社会中的关键作用和重要地位。文件明确要求各高校要加大教育资源开放共享力度，为建设人力资源强国提供了有力支撑，为推动大学践行构建学习型社会重要使命提供了行动指南。①

第三节 典型高校社会服务模式的比较分析与启示

一、典型高校社会服务模式的比较分析

通过比较美国、英国、日本以及国内高校的社会服务模式，可以将高校社会服务模式主要分为两种，即以美国为代表的以高校为主导的社会服务模式和以日本为代表的以政府为主导的社会服务模式。比较发现，无论是国内还是国外，高校的社会服务模式都具有政策性、双向性、针对性、实体性和长期性的特点。

第一，政策性。在政府的积极推动下，为了促进高等教育的发展，各个国家出台了多项有效的政策措施，以及相关的立

---

① 陈书洋，黄建洪. 在构建学习型社会中展现大学的使命与担当[N]. 新华日报，2023-11-24（15）.

法、制度，以此来激发教育机构的活力，促进教育与科技的融合，为高等教育的发展提供了坚实的基础。

第二，双向性。高校与企业、社区之间的双向交流应当是互利共赢的，双方通过充分利用各自拥有的资源，促进高校科研成果的有效转化和推广，提升企业的科技创新能力，促进社区居民的文化素养和科技素养的全面提升，从而有效地改善当地的经济社会环境。

第三，针对性。高校社会服务旨在通过提供有针对性的服务来满足经济社会发展的需求，帮助企业和社区解决实际问题，从而充分发挥其应有的价值。

第四，实体性。引入实体机构，如共同研究中心、科技园、咨询中心，可以有效地推动高校的社会服务工作，从而提升其质量和效率，并且有效地增加高校和其他相关方之间的互动，形成良好的协调关系，从而实现高校的发展目标。

第五，长期性。通过持续完善政策法规，促进高校、中小企业和社会之间的协作，实现长期稳定发展，有效防止投机主义和机会主义的产生，从而实现双赢的局面。

但由于各个国家的国情、经济社会的发展情况以及民族文化各有不同，各国的高校社会服务也必然存在着差异。

美国的社会服务模式以大学校园为核心，大学校园与公司、社会和政府相互之间形成了互利共赢的合作关系，每一方都有自己的需求。尽管政府通过政策和立法鼓励高等学校提供社会公共服务，但并不会对具体的实施方式进行干预。在日本，政府拥有绝对的控制权，政府不仅要求高等学校和中小企业共同研究机构的设置、技术园的创建、合作人员的培训，还要求高校人力资源的对外开放，以及服务过程中的财政支持、成果分配等，这些都由政府通过立法和制度来明确规定，以保证日本的社会协调发展。

美国高校社会服务的项目具有更强的自主性，对企业科技创新和社区经济问题的关注较多，因而社会服务内容也更为丰富；而日本在国家主义文化和民族振兴的强烈导向下，其高校社会服务内容中国家科技、经济发展所需的重点产业和重大项目所占比例较高，对国民生活细节问题的关注则较少。

美国的社会服务模式强调学者、政府、企业之间的协调配合，学者们可以根据自身的专长、能力、经验，开展多种多样的学术活动，并且可以根据不断变化的需求，提供更加有效的学习体验。日本的政府也采取了类似的政策，将学习、实践、教学、科学研究纳入政府的管理范围，实现学者、政府、学院之间的有效协调。

中国应用型高校作为一种新兴的教育模式，旨在缓解高等院校的同质化问题，填补本科生阶段职业教育领域的空缺，以及为地方经济发展提供支持。它的类型标签是"应用"二字，这意味着师生不仅要走出"象牙塔"，而且要积极与经济社会衔接，以更好地适应社会的需求，更好地推进社会发展，促进社会的进步。目前，我国应用型高校的发展面临着诸多挑战，比如，起步较晚、机制体制不完善、各方主体定位不清晰等，为此，应该加强对应用型高校的社会服务职能的建设，以更好地适应社会的需求。

二、典型高校社会服务模式对我国的启示

（一）增加高校社会服务相关资源投入

政府应该积极投入更多的资源，以促进高校社会服务的发展，这些资源包括人力资源、硬件设施、财政资助以及整合平台等。此外，政府还应该为高等院校提供更多的技术支持，帮助它们应对大型科研项目的风险。为了更好地推动地方经济社会发展，政府应设立专项资金，并制订有效的计划，以鼓励高等院校参与到偏远贫困地区和弱势产业的技术及教育服务活动中，以确保受益者能够获得合理的回报。为了促进高等院校和社区之间的紧密联系，政府应该制定有力的政策和法规，为高等院校创造更加宽松的参与社会服务的环境。例如，鼓励教师以技术入股的方式获得社会带来的经济收益，鼓励教学科研人员运用社会的渠道，如领办、发包、兴办科技企业和文化实体，并且可以按照获得的收益自主决定利润分配。

（二）保障高校办学的自主性、开放性

为了促进高等学校的自主发展，政府应当建立完善的宏观

管理体制，以便更好地协调政府的宏观调控，同样也要保护高等学校的法人地位和自主管理权，以实现高等学校的开放性发展。地方政府对高等学校的管理主要集中在政策指导、管理人权事权、资金投入等方面。然而，如果政府的政策干涉过多，高等学校的发展可能会变得趋同化，职能定位也变得单一，从而阻碍了高等学校的社会服务工作的开展。政府应当从控制转变为引导，尽量减少对公办高等学校的财政、人事管理等方面的干涉，将决策权交给高校，赋予其更多的自主性。同时，引进市场竞争机制，让高校的组织管理工作与市场需求保持一致，让教师和研究人员能够根据当地的社会经济状况，为社会提供有效的开发、咨询和培训服务。只有通过改革和创新，高校才能打破传统的"象牙塔"模式，拓宽与社会的联系，融入社会，跟上时代的步伐。

（三）建立高校社会服务能力评价体系

为了更好地评估高校及教职工的社会服务能力，管理部门应该建立一个完善的考核机制，以衡量高校在地方经济发展、社区服务、企业合作应用型研究、科技成果、签署技术合同、专利申请和授权数量以及社区合作项目等方面的表现，并将其作为调整科研经费投入、学科专业设置、招生指标等的重要参考。为了提高高校及教职工的工作效率，管理部门应该鼓励其积极参与社会服务，把教职工的职务调整与社会贡献紧密结合起来并更多地关注于实用性和应用价值。随着社会的发展，我国高校教师职称晋升应该更加注重教学、科研和社会服务的综合性考核，以期更好地激励教师投身于社会服务，并且将其在社会服务中获得的直接经济和社会效益纳入考核体系，从而使高校教师职称晋升更加科学合理。

第六章

应用型高校社会服务优化路径

第一节 创新应用型高校社会服务多元动力机制

一、构建社会服务体系

社会服务理念是应用型高校社会服务优化的龙头。因此，厘清社会服务理念，构建社会服务体系至关重要。构建社会服务体系需要从以下两方面着手。

(一) 探清办学历史，找准办学定位

探究高校的发展历程，明确其科学的办学定位，是推动应用型高校建立自身优势、服务经济发展和社会进步的重要基础。办学历史是办学定位的源头。应用型高校要发展不可能完全忽视其之前的办学历史而另起炉灶，应该是在办学历史的基础上搭建高楼，否则就如同无源之水、无本之木，就像空中楼阁，影响学校的文化底蕴，也就会导致办学定位不清晰。所以，在确定学校的办学定位前，一定要先了解学校的办学历史。在厘清学校办学历史的前提下，再根据相应的办学类型选择适合学校发展的定位，这也有利于更好地延续学校自身的文化。

（二）加大宣传力度，增强社会服务意识

辩证唯物主义提出，意识是人脑的主要组成部分，它能够准确地反映客观现实，并且能够对客观现实产生积极的影响。高校社会服务意识的形成对社会服务的开展起着推进作用。要开展社会服务，学校首先应该具备社会服务的意识，有了意识，才能更好地促进社会服务活动的开展。应用型高校中社会服务的主体主要包括教师和学生，从学校层面深入贯彻社会服务的意识，营造社会服务氛围，加大开展社会服务的宣传力度，使学校的教师和学生受到熏陶、耳濡目染，从而增强教师和学生的社会服务意识，把社会服务活动作为一项重要使命来完成。

要为教师和学生留出时间去开展社会服务。教师和学生要主动吸收和形成社会服务的意识，将社会服务作为自身的责任和义务来完成。应用型高校要加大宣传力度，合理利用网络平台，比如，建立专门的社会服务网站或公众号，让师生了解社会服务到底是服务什么，为什么要社会服务，怎样开展社会服务等问题。另外还可以编写社会服务案例供师生阅读，这些都是提升社会服务意识的重要渠道。

二、建立校企合作机制

为了更好地促进校企合作，应用型高校应当建立一个专门的机构，负责管理校企合作的各项事务，并进行信息交流。例如，可以建立一个学校企业联系工作室，负责管理拟定校企合作的相关规章制度，监督中小企业的实习引导情况，以及评估二级院系的校企合作成效。根据企业的需求，应用型高校应该对专业和内部培养重点进行调整，以满足地方政府的需求，提高服务的精确度。在校政合作方面，应用型高校应该与地方政府达成一致，让地方政府认识到应用型高校在推动地方经济社会发展中的作用，并获得地方政府的全力支持。

党的二十大报告提出："教育、科技、人才是全面建设社会主义现代化国家的基础性、战略性支撑。必须坚持科技是第一生产力、人才是第一资源、创新是第一动力，深入实施科教兴国战略、人才强国战略、创新驱动发展战略，开辟发展新领域新赛道，不断塑造发展新动能新优势。"为了提升地方的自主创新能力，企业应该充分利用高等院校的人才资源，开拓学术思路，加强科研水平，增强技术实力，引进先进的实验设备，以此来充分发挥应用型高校在地方蓬勃发展和科技进步中的主要作用。校企合作是促进地方经济发展的重要方式，可以通过多种途径来达成。

第一，政府应加强对高等教育的投入，创造一个更加有利的环境，以促进学生的成长，促进校企深度合作，满足当前的经济社会发展的要求，并且更好地促进社会的进步。针对当前的经济、文化及社会的发展趋势，应用型高校必须采取行动，调整其学科专业设置，完善其课程体系，并且制订出符合当前的培养计划，将校企深度合作的实践教学纳入人才培养方案。另外，也必须不断改进其教育观，坚持以学生为中心，努力培养出拥有良好的综合素质，既可以满足当前的社会需求，又可以在未来的经济、文化及其他领域中得到广泛的应用。只有在充满活力的人力资源的支持下，当地的经济和社会才会取得进步。

第二，为了满足产业发展和企业需求，应用型高校应该建立一种全新的科研管理模式，并与企业建立起多种形式的产学研合作机构。科研是将教学与实践紧密结合起来的桥梁，是高校进入实际生产领域并为社会提供服务的基础。在高等教育中，教学的最终目标是更好地推动实际生产，而科研则是实现这一目标的关键。生产是教学和科研的基础，也是实现认知发展的根本。企业可以投入资金、提出问题，而学校则可以投入人力、提供智慧，通过合作来帮助企业解决问题，同时也可以实现自身的教学发展。

第三，为了更好地满足当地社会发展的需求，应用型高校应该加强自身的教育培训体系，建立起一个综合性的、多元化的教育结构，包括全日制本科教育、成人教育、各种培训教育等，并与企业合作，共同打造专业的人才培养和实习基地，以提升劳动者的素质。针对不同的教育层次和类型，采取有针对性的措施，以满足当地的人才需求。对于全日制本专科类，应该充分考虑当地的经济、文化和教育需求，并确保招收到足够的当地生源。为了更好地满足学员的学习需求，我们应该加强对成人教育的投入，增加一些实用性较强的专业。此外，我们也应该拓展培训范围，不仅在校内开展各种培训课程，还应该与当地企业和事业单位合作，建立完善的教育培训体系，并与企业共同打造专业人才培养和实践基地。

第四，通过引导和激励，应用型高校帮助当地政府和企业更好地应对当前的经济挑战。通过提供专家和资源，帮助政府和企业更好地了解当前的市场情况，并通过提供有价值的建议和支持，更好地满足当前市场和政府的需求。应用型高校要通过加强科研管理，积极开拓沟通渠道，建立起与当地政府、企事业单位的良性互动，积极引进各类学科的专家，以期更加全面、准确地服务于当地的社会经济发展，并且积极开拓科技应用，支持当地的社会建设，以及参与科研项目，共同探索经济社会可持续发展之路。

第五，为了提高应用型人才培养质量，高校应该努力将校企合作教育理念融入日常教学工作，加强与企业的沟通交流，以便让教师更好地传授理论与应用知识，让学生更加深入地理解社会实践，并且可以将理论转化为行动。

为了促进社会的可持续发展，应用型高校应当积极参与到企业合作中，充分利用企业的优质资源，构筑起有效的合作机制，从而实现双赢，促进当地的可持续发展。这不仅仅需要企业的参与，更需要政府、学术界的参与，为可持续发展提供有效的支撑。

三、建立服务激励机制

采取正向激励、调动师生社会服务积极性。激励机制，包括正向激励和负向激励。其中，正向激励机制又包括精神激励、物质激励和环境激励三大类，是指为了达到激励个人或者组织的目的，从而采取精神或者物质的方式对应用型高校社会服务贡献较大的部门或个人给予奖励。为了激发教师参与社会服务的积极性，首先应该制定合理的薪酬激励制度，以激励教师更多地投入社会服务中；其次，可以采取媒体宣传、颁发荣誉证书等方式，以增强师生对应用型高校的认同感和归属感，从而激励教师更加努力地参与社会服务，为高校取得良好的社会服务绩效提供有力的支持。此外，学校也应该努力为师生提供一个充满动力的环境，让师生能够发挥出最大的潜能。

四、建立校地联动机制

建立联动机制,促进"政府—高校—企业"三者联动。应用型高校的办学目的是为地方经济社会发展培养人才。其办学经费主要来自地方政府,办学方向和办学定位、专业设置、人才培养等要根据地方经济社会发展的需求设置。地方政府和企业对应用型高校的支持、协调和指导对其发展壮大起重要的助推作用。"三螺旋模式"旨在建立一个由高校、政府和企业三方共同参与的利益共同体,以促进三方之间的紧密联系,形成三股力量相互依存、交叉影响的组织关系,其中,利益问题是维护三方关系的核心要素。

满足三者的资源互补需求与利益需求是实现"政府—高校—企业"联动机制的前提,具体可从以下三方面着手:第一,通过发挥应用型高校成为地方发展的"动力源"与"发动机"优势,来加速科研成果转化、扩大其办学经费以及加大教育改革等需求;第二,地方政府通过直接与应用型高校联合与协作,满足其促进经济发展、提高产业研发水平和整合资源的动机;第三,企业通过寻求应用型高校为其提供人才资源与智力支持,以此来满足其实现利益最大化的需求。

五、完善评价体系

提升服务意识和质量是改进高校社会服务的基础,而高校教师的积极性是推动这一过程的关键，完善的制度和评估机制则是确保服务质量和进度的重要保障。高校应当积极适应当前经济发展的需求，加强制度建设，科学把握教学与服务、基础与应用的关系，将科技成果转移转化的效果纳入考核评价体系，精准指导科技成果转移转化的过程，以提升高校为社会服务的效率和质量。建立完善的制度和评估机制，可以有效地激发教师的积极性，从而推动高校为社会做出更大的贡献。评价体系是指引教师参与社会服务的风向标，利用得好可以激发师生主动参与服务的积极性。一个健全的评价体系会使得服务工作更加具有导向性、针对性，服务主体也更加乐于参与服务。

建立完善的评价体系，首先，需要明确评价内容。这就需要对服务的内容做出清晰的界定，在界定的基础上要用多种方法进行评价，比如，定性、定量的方法。其次，还应设立专门的评价机构，其评价主体也应多元化，不仅应包括学校的教师、学生、管理人员，还应聘请校外的人员对社会服务效果进行评价，校外人士的参与除了可以对学校的社会服务起到监督的作用外，还可以对社会服务的效果起到客观反馈的作用。

第二节　优化协同创新平台

一、加强产教融合，促进协同创新队伍建设

产教融合是产业与教学结合起来，产业为教学提供实践基地，教学为产业提供理论支撑，两者共同作用，培养兼具理论知识和实践能力的优秀人才，从而将学校办成集人才培养、科学研究、科技服务等于一体的产业型实体经济。在这一模式下，以培养应用型人才为方向的应用型高校，致力于搭建协同创新平台，有着积极意义。①

第一，通过建立协同创新平台，政府、高校、企业、行业协会等多方参与，充分发挥各自的优势，提供丰富的一手信息和优质资源，使得资源得到有效的整合和优化，从而充分发挥出创新资源的潜力。

第二，通过搭建协同创新平台，高校与企业之间的合作与交流更加紧密，为科学家提供更多的资金，帮助他们实现更多的技术突破，并将其转换为实际的商品，为社会的发展做出更多的贡献，为全球经济增长提供强大的动力。

---

① 邓健康，张辉. 产教融合模式下应用型本科院校构建协同创新平台的实践研究［J］. 现代农村科技，2021（12）：88-90.

第三，通过搭建协同创新平台，能更好地促进人才培养和学术交流。协同创新平台不仅可以加强产教融合，而且还可以为企业和高校之间的合作带来更多的便利。在这个平台上，高校可以招募到优秀的科研人员，企业可以为员工提供更多的就业机会，而高校的学子则可以在课堂上接受理实结合的指导。从长期角度考虑，协同创新平台无疑是一个非常有效的应用型人才培育途径。它聚合了一批具备良好理论基础和丰厚实战经历的知名专家和企业精英，他们之间的互动和探讨，使得各个参与者都得到了充分的认识和机会，促进了彼此的互相借鉴，增强了彼此的技能和知识。

二、产学研结合，各方主体共建科学的人才培养理念

作为应用型高校，要把握住发展机遇，加强与企业的联系，推动产学研的深度结合，实施协同创新的发展战略。为了促进行业企业的可持续发展，企业和行业协会也要主动承担起社会责任，并在人才培养领域密切合作。通过这种方式，企业能够和高等学校建立良好的合作关系，并在这个过程中取得双赢。

为了促进产教融合，政府、高校、企业和行业协会应该共同努力，打造一个能够促进多方共赢的平台，使"应用型""专业性"的人才培养目标得以长期有效的实现。这一平台的建立将有助于推动产教融合的发展，为社会发展带来更多的机

遇。协同创新平台是高校与企业之间建立良好关系的桥梁，"创新"则是协调双方利益的核心，整合资源则是将双方联系起来，共同推动协同创新，实现人才培养的目标。为了促进创新，高校和行业企业可以建立协同创新领导小组，来讨论和协调创新平台的各项事宜。这样，双方就能够进行积极深入的沟通，共同制定决策，并实现合作共赢的目标。

三、跨专业深度融合，培育协同创新人才

通过跨专业协同创新可以突破传统专业的束缚，将多个专业、学科、文化的元素结合起来，从而激发创新的灵感，促进创新的进步。因此，应用型高校可以借助协同创新平台，通过创新项目来推进专业的融合，可以借助协同创新中心、企业的研发基地、工程实践基地等来促进专业的深度融合，从而提升专业的教学质量，提升教职员工的专业能力，促进创新的进步。例如，通过整合机械、机电、智能化、计算机科学与技术、"互联网+"、人工智能、云计算等多学科的知识，为机械专业的学生们提供多元化的学习资料，同时也为他们的科技创新活动搭建了良好的基础。通过聘请企业专家，强调实践性教育，采取多元化的教育方法，如技术比武、全国和地方性的大学生创新实践活动、挑战杯比赛，构建一个具有跨学科融合、校企合作的创新人才培育体系，培育一批具有实践性、创造性、综合性的高素质专业化人才。

随着产教融合模式的推进，应用型高校越来越意识到建立协同创新平台的必要性和重要性，并努力探索破解各方主体之间的合作缺乏明确的内容层次、合作范围有限、合作积极性不足等实际问题，通过建立一个由政府、高校、企业、行业协会等多方参与的合作委员会，以构建一个更加完善、更加有效的合作平台。

　　通过协同创新的模式，相关各方主体都能够充分发挥自己的潜力，并且能够通力合作，共同实现人才培养目标。应用型高校应关注科研团队的带头人和成员，他们将会承担起科技研发、项目申请、人员培训计划制订、教育规划等重任。企业作为平台的发起者和参与者，不仅要投入财力、物力来推动协同创新平台的发展，而且要充分分享创新的收获，促进技术的快速传播，从而达到双赢的局面。

四、政府主导，建立健全政府政策支持保障体系

　　为了推动应用型高校社会服务的发展，政府应承担主导责任，打造一个由多个主体共同参与的协同创新环境，充分利用各主体的互补性，促进应用型高校社会服务的创新。为此，政府要给予各主体充分的政策扶持。政府的领导地位、政策的制定、资金的投入、技术的支撑，都至关重要。若无政府的积极引导，"穿针引线"的构想就会变得毫无意义，无法形成真正的联盟。因此，政府应积极引领、激励社会各界携手打造一个

更加完善的协同创新平台，大力支持学校和企业之间的互联互通，并为之提供有效的渠道，帮助它们找到共同的发展目标。此外，政府还应该鼓励师生和企业进行科学研究和技术创新，从而提升双赢的效果。通过制定一系列的政策措施来促进协同创新调动大学和企业的积极性，让校企双方更加自信地参与到协同创新的构想、推进产学研的深度结合、激发人才的潜力中去。政府的有效指导和全面支持可以有效地消除双边的分歧，打破壁垒，实现协同创新的有效运行，从而有效地激励技术创新和应用型人才的培育。

五、强化监督，建立完善的评价监督机制

为了促进应用型高校的协同创新平台的有效发展，相关管理部门要加强外部的监管，并建立一套完整的考核和管理机制。这样才能够更好地审查各参与者的工作情况，并确保他们的工作效率。为了更好地推动科研和产品的创新，需要加强对学生的引导，鼓励他们把握机遇，培养他们的实际操作能力和创造性思维。同时，要指导大学和企业按照自己的角色和责任，认真协调合作，共同推动科技的发展，帮助企业和行业取得更大的成就。

第三节　优化应用型人才培养体系

推进社会服务是应用型人才培养的必然要求。随着时代的发展，高校正在努力培养更多的应用型人才，他们不仅要掌握科学知识，还要具备应用型专业技能，并且能够在实践中运用，同时还要有较强的创新能力，以满足社会对于应用型人才的需求。高校应该把服务地方社会作为重中之重，积极推动高校实现高质量、特色鲜明的发展。因此，高校应该加强"应用型人才培养"和"服务地方经济社会发展"的功能，以适应教育改革的发展趋势。①

一、优化专业设置

高等教育的专业化程度直接影响它的教育质量、特色以及未来的可持续发展。为了满足当前的人才需求，应用型高校应加强专业教育，提高毕业生的市场竞争力，同时为了促进可持续发展，应用型高校也要把握好当前的市场环境，加强教育资源的投入，既满足当前的市场需求，又着眼于未来的可持续发

---

① 张媛，初智巍，丁莉娜.高校应用型人才培养与服务地方经济社会的融合发展路径研究：以社工专业为例［J］.黑龙江教育（理论与实践），2020（12）：27-29.

展。当前，随着全球经济的复苏和中国的教育改革，应用型高校需要认真思考如何更好地落实教育部为推进高等教育"质量革命"，全面提高人才培养质量推出的"六卓越一拔尖"计划，加强自身的专业建设和人才培养，以促进其内涵式的发展。

第一，通过应用型人才培养模式，学生们不仅能够掌握基本的应用技能，而且还能够深入了解当地的行业、市场、产业、职业，从而为未来的发展做好充分的准备。此外，应用型高校的课程设置还要满足学生的不断发展的需求，使他们能够在不断发展的环境中适应新的挑战。针对当前的市场环境，应用型高校的课程应该更加灵活多样，紧紧围着"全能"的目标，着力于满足本地的经济发展、产业结构升级、社会的需求，同时，还要注重培养具有良好的综合素质的专家，使他们具备更强的实践能力，从而更有效地满足社会的各类挑战。

第二，随着全球政治经济形势的变化，我国的经济发展受到诸多方面的冲击，其中最主要的就是国际贸易的变化。因此，政府应该重视并加强对相关行业的支持，并且要求各行各业的人才能够更好地适应当前的市场需求，从而推动全球化的进程。在建立本土的应用型高等教育体系中，需要根据本土的社会经济状况，以及当前的国际贸易形势，合理设置课程，以满足当地的人才需求。应用型高校要及时更新课程，同时保持一个与时俱进的课程体系，并努力培养一批具有创造性的人才。在进行"热门"专业规划时，应用型高校应该考虑本地的产业、经济、技术等条件，并将其作为重点考虑因素，发展本地的教育体系，并充分利用本土的教育资源，促进"热门"专业规划的有效实施。根据当地的经济增长趋势，以调整教育资源配置为准，结合变化的社会环境，科学规划和调整，以适应日益发展的社会就业市场的多元化要求，并有助于提升基础教育水平。

第三，随着中国经济的发展，各行各业的联动日趋密切，促进了各行业的整合，形成了多元的技术创新平台。这就更迫切地需求拥有多个专业知识背景和丰富经验的复合型人才，尤其是在涉及旅游、商务、航空、会议等领域，更是迫切地需要拥有掌握多种外语和对当地文化有深刻认知的复合型人才。为了提高教育质量，应用型高校应该积极尝试建立多样化的课程体系，包括提供多种实践性的实习机会，提供多样化的学习情境，让学习者可以从多个角度思考问题，并且可以很灵活地使用所掌握的技能，进而发展自我的能力，为社会的发展做出贡献。创新应用型人才培养模式是应用型高校的核心，它旨在着眼于提供大量的专业技术和实际操作技能，以满足社会对技术和创新的需求，并且对提高企业的竞争力和经济效益起到不可或缺的作用。

二、优化人才培养方案

为了满足当今时代的需求，应用型高校致力于培养出拥有丰富的理论素养、熟练的应用能力、强大的意志品质以及良好的道德情操的复合型人才，以此来推进大学的专业化、职业化的发展。应用型人才要拥有更强的社会责任感，并且可以有效地解决各种社会难题，为社会做出贡献。显而易见，采取多种措施来增强学生的实践技能，以及培育出具有创新精神和实践技术的复合型人才，已成为推动应用型大学的专业化和职业化的不二之选。

2015年教育部发布的关于部分地方普通本科高校向应用型转型的政策文件中，提到引导各地方普通高校办学思路转向培养应用型人才，阐明了应用型人才培养和服务地方社会的关系，即各普通高校为地方发展提供应用型人才保障。高校和服务地方的关系可以贯穿应用型人才培育的全过程，一是专业培养前端，开展以区域社会发展需要为导向的专业建设，探索专业人才培养特色模式；二是专业培养过程，师生运用专业知识与技能为地方提供高质量的社会服务，以此赢得政府、行业组织的支持，获得专业自身生存及发展的动力；三是专业培养终端，专业学生毕业后进入社区、社会组织和社工机构等地方行业内，成为服务地方经济社会发展的引擎。

针对当前的社会和经济环境，应用型高校应该把握时代的脉搏，着眼于满足当前的社会和经济发展的需求，努力提升教学水平，使应用型高校的教学更为符合当前的社会和经济环境。因此，应用型高校应该根据社会需求制订具体可行的计划，使教学更具有针对性，更加符合当前的社会和经济环境。为了更好地满足当前的就业市场的需求，应用型高校应该根据学校的独特优势，以"项目驱动、模块牵动、校企联动"的专业为基础，采用针对性的教育措施方法，加强对学生的技术、创新、应用和综合素质的全面提升，使他们在就业市场上更为自信。为了提升学生的实践技能，应用型高校需要完善一套有效的保障机制，包括招聘具有较强专业技术背景的教师，搭建先进的实践平台，使得这些机构的服务更为全面、有效，并且可以与当地的行业发展紧密结合。

（一）修订人才培养方案的指导思想及原则

根据当前的政策和市场环境，应用型高校的人才培养计划（修订）旨在满足当前的高等教育普及和提升的需求，并充分利用其独有的办学优势，为实现国家的可持续发展提供有力的支撑。采用全面的"校企合作，产学研结合"标准，结合多种形式的质量考核，精心设计符合实际需求的高素质的人才培养计划。

（二）重新设计应用型高校的应用型人才培养模式

第一，理论教学体系的建立，旨在将最新的专业技术与企业的发展趋势紧密结合，以更好地传授专业知识，并有效地提高理论教学的效率和质量。第二，为了提升学生的实践能力，高校应该建立一个与理论课程体系相匹配的实践教学体系，并加强对实践教学的过程监督、质量评估以及结果管理。第三，为了提升学生的职业素养，应该组织各种社会团体活动，如竞技赛事、社会实践、志愿服务、创业创新以及科普教育，来激发学生的潜能，提升学生的综合素质。

（三）科学设置应用型人才培养的课程体系

第一，优化课程结构。建构由产业龙头企业高级人才同高校教师共同组建的课程教学团队，适当压缩基础理论课时，以问题为导向开展专业课程设计和开发，以主干学科专业课程为核心，重点增设提升大学生实践和创新能力的专业选修课程。第二，拓展专业课程空间。应用型高校在培养应用型人才过程中要重视将专业课程教学内容拓展到企业实际生产和科研项目实施上，让学生更多地在企业实际操作和科学研究中运用专业的理论知识，激发学生探索新知识的兴趣，促进大学生创新思维的发掘和创新能力的养成。

（四）增强师资力量，提高教师的执教水平

高校应加大师资人才引进和培训的力度，将更多企业技术专家、高级工程师聘用为兼职教师。加强专业学术科研人员队伍的结构性优化，通过选派骨干教师定期到国内外知名大学进修培训，掌握学术前沿动态和提高执教水平。①

三、增强产学研联动效应

随着全球现代科学技术的快速进步，构建产学研协同创新生态已经逐渐成为世界各国科技发展的一个重要模式。当前，我国产学研协同创新生态建设处于发展时期，对于协同创新的各主体提出了更高要求。② 习近平总书记强调："构建上下游紧密合作的创新联合体，促进产学研融通创新，加快科技成果向现实生产力转化。"这是从国家战略的高度提出对产学研协同创新的新要求，为应用型高校与社会的深入合作和资源整合，从而高效地实现 1+1>2 的协同目标提供了思想、搭建了平台。③

对应用型高校而言，产学研平台的创建，其目的是以社会需求为高校研究的出发点，保障科研成果的实用性。高校应积极采取"走出去"战略，多途径与社会保持联系，建立良好的合作关系。在科研项目选择上以社会热点问题、企业技术瓶颈等为出发点，注重项目的实用性和可转化性；与企业合作开展实践教学，提升学生实践能力；与政府合作创建科研成果转化

---

① 刘文韬，付明萍. 地方高校应用型人才培养方案的优化对策 [J]. 黑河学院学报，2019, 10 (11): 108-109.
② 韩艺飞. 进一步提升我国产学研协同创新水平 [EB/OL]. 人民论坛网，2024-07-03.
③ 杨志卿. 深化产学研协同创新增强高校社会服务能力 [J]. 赤峰学院学报（自然科学版），2015, 31 (16): 191-193.

平台，对接企业需求。在产学研合作的基础上，强调用的价值，是实现高校社会服务职能的有利途径。①

第四节 加强校园文化建设

高校校园文化是社会主义文化的重要组成部分，承担着中国特色社会主义合格建设者和可靠接班人培养以及文化传承与创新的历史使命。当前，国家处于全面建成小康社会的新阶段，推动高等教育科学发展，服务创新型国家建设，需要进一步深化对高校文化建设理论与实践的认识，充分发挥文化软实力的作用，推动高等教育内涵式发展，提升高等教育办学质量。应用型高校在办学过程中，存在诸如对校园文化建设认识不到位、建设实践缺乏科学性、人文精神缺失等问题，制约了校园文化的和谐发展，也直接影响了应用型高校社会服务职能的发挥。

校园文化建设的根本就在于文化，以校园作为空间，以校园精神作为特征，以学生作为主体，以教师作为主导。② 各大高校通过企业走进学校、与师生走出校园两种不同的形式来服

---

① 李娜．"互联网＋"背景下应用型本科院校社会服务探讨［J］．产业与科技论坛，2020，19（8）：266-267．
② 岳新．浅议校园文化建设如何能更好地服务当地社会［J］．中国校外教育，2017（S1）：365-366．

务当地社会，其中企业走进学校是指学校通过自身的资源、设施与文化给企业提供多方面的支持，更好地服务于企业的持续性发展；而师生走出校园是指学校积极组织师生参与社会活动，如"志愿者服务""慈善服务"等社会实践活动，向社会展示自身的文化与成果，同时能够促进当地社会经济的稳定发展。因此，校园文化建设对当地的社会发展而言有着非常重要的作用。

一、思政育人

通过参加各种社会实践，如社会服务、文化建设、宣传等，大学生可以获得多方面的知识，包括但不限于从实践中获取知识，从行为上获得经验，从心灵上获得感悟，从而更好地实现思政育人，树立学生正确的价值观、培养优秀的品德素质以及健康的人格。

（一）通过融入党建思想，为社会服务引领价值方向

高校党建要始终坚持全心全意为人民服务这一根本宗旨，并将为人民服务的理念融入思想政治教育中，引导学生深入理解"我为人人、人人为我"的基本要义，深刻领悟"毫不利己、专门利人"的崇高境界。应用型高校的领导、老师和学生要认真贯彻有关社会服务实践的政策，努力提升工作效率。为了更有效地培养学生的素质，应用型高校必须以学生的价值观为基础，结合党的路线、方针、政策，使他们能够更加全面地

理解并贯彻落实党的理论。例如，高校可以把党的理论融入课堂教学以及课外的实践活动，以此来激励学生更加热爱祖国，投身地方的事业。通过参加中华民族伟大复兴的中国梦实践，学生能够更好地体验到中国共产党的伟大奋斗，并将其理论应用到实际行动中。例如，通过游览革命纪念馆、了解著名企业的发展历程，能够更好地理解共产主义的核心价值，并培养出良好的道德素养。

（二）通过加强党建组织保障，为社会服务实践保驾护航

基于高校党组织的正确引领，成立由党组书记担任领导的学校社会服务工作小组，旨在为学生提供坚实的社会服务保障。该小组将从教育理念、教育模式、教育方法、学科建设、实践平台、思想政治教育等多个方面，提供全面的规划和指导。为了更好地推动"基础性"的落实，成立社会服务实践开发研究工作小组，以构建一个完善的大学生社会服务实践体系，精准定位实践教育的内容和重点，不断探索创新的社会服务实践方式和方法，提升教师的素质，并在此基础上，借助党建组织的支持，为社会服务实践工作提供有力的保障。

（三）结合实际，达成党建工作与社会服务的有机结合

当前，虽然各类应用型高校教师对社会服务教学实践存在差异，但从全局视野来看，将党建活动与社会服务紧密结合，

旨在尽可能地满足学生们既关注职业操守又关注专业素养，以及他们自身对思想政治理论的认知，使高校师生更好地理解将党的建设与社会服务结合起来的重大意义。这种结合可以通过不同的视角，如全方位、多维度、多层次来完成。例如，通过帮助学生提升实际操作技巧，可以更好地支持他们的成长。此外，还可以深入探索大学的共同培养模式，以促进学生的成长。

二、文化传承

"文化的传承创新是应用型高校的重要属性"①，优良的文化不仅能形成地方经济社会发展的品牌文化，而且是招商引资的基础性条件。应用型高校以培养满足地方经济社会发展的高层次技术型人才为己任，理应重视文化的传承与创新。应用型高校一般具有几十年的文化积淀，是地方的文化中心，因此要做好文化传承工作，② 上至学校领导，下至广大师生，都应积极自觉地承担起传承和弘扬优良地方文化的使命，高校可以将文化融入学科教学中，列入专业教学计划必修课程或者通选课程中，组织专家进行课程建设，并积极邀请区域文化专家来校做讲座，通过这些方式向学生普及地方特色文化。此外，还可

---

① 何海翔.地方高校应主动融入区域文化传承创新［J］.中国高等教育，2015（6）：56-58.
② 佟安娜."大思政"格局下高校"党建+社会服务"协同育人实现路径探究［J］.科教导刊，2021（23）：76-78.

以通过创办文化报纸杂志，创建文化交流网站及微博、定期举办文化研讨会、举办文化长廊展示、举办文化艺术节等方式，大力提升文化的影响力与辐射力。①

第五节 健全高校社区服务机制

高校致力于社区服务在发达国家已发展得较为成熟，并形成了较为稳定的服务模式。我国应用型高校的社区服务也进行了初步的探索与尝试。社区不仅是一个基层单位，而且更是高等院校深入探索、融入当地文化的桥梁，它不仅仅可以让我们更好地认识当地的文化，更可以让我们更加深入地体验当地的文化，从而更好地把握当地的经济、政治、文化等多种因素，更好地推动当地的经济、政治、文化等发展。因此，健全高校社区服务机制对高校推进社会服务有极大的帮助。

在我国，高校参与社区管理与服务历史较短，各种机制尚未形成体系，存在许多问题。高校参与社区管理与服务主人公意识不强，责任感意识薄弱，形式主义严重，而且参与管理与服务的形式单一，从众性严重，没有做到因地制宜，切实了解社区"个性"，对症下药，从而也导致社区居民认同度低，参

---

① 李天源. 应用技术型本科高校社会服务模式新探［J］. 呼伦贝尔学院学报, 2017, 25（2）: 12-14, 51.

与积极性不高。

一、明确高校参与社区管理与服务的责任机制

目前，高校参与社区管理与服务主要出于人文关怀、社会责任等道德层面，没有法律约束和具体规范，也因此动力不足，形式主义严重。政府部门明确出台有效法律文件，明确高校参与社区管理与服务的职责和义务，能够进一步规范高校走进社区，提升高校参与社区管理与服务质量。① 同时，高校参与社区发展建设是一项系统性工程，也需要政府统筹规划，整合相关资源，给予资金支持，提升高校和社区积极性。②

二、建立对接机构

高校参与社区管理与服务大都是单向性的，高校与社区联系不够紧密，高校参与社区管理与服务一直停留在表层，无法深入且切实地满足社区需求。高校和社区相关负责人员共同组建专业的管理部门，专门负责管理高校与社区互动相关事宜，因地制宜，制订长期发展规划，实现高校与社区的资源共享，共同发展。

---

① 祝逸明，喻欣. 地方高校参与社区文化建设的有效性 [J]. 学习月刊, 2014 (6): 96-97.
② 汪娟，李敏，刘秋晨. 高校参与社区管理与服务的研究 [J]. 科技经济市场, 2016 (8): 131-132.

三、建立与完善激励制度，保障相关人员切身利益

高校教师是高校参与社区管理与服务的中坚力量，然而，在目前高校的管理制度下，众多高校教师无暇顾及服务社会职能，因此，高校领导应注意到管理理念的欠缺，认识到高校参与服务社会建设才能实现跨越式发展，更多地鼓励高校教师参与社区建设。同时学校要建立相应的激励措施，将参与社区建设活动纳入考评机制中去，使之与教师绩效考评挂钩，并在相关科研项目上给予适当照顾。①

四、合理利用高校资源，建设特色项目

高校参与社区管理与服务一向呈现间断性、从众性等特征。立足高校资源，建立一批有特色、适合社区的项目，一方面，有利于提升社区居民的认同感、参与度，有利于高校资源的有效利用，提高高校的责任感、归属感。另一方面，因地制宜的项目，切实符合群众需求，有利于摆脱形式主义，提升社会关注度、认同感。

五、建立科学的评价机制

通过建立一套完善的评价机制，可以有效地促进高校与社

---

① 黄兰. 论高校参与社区建设的长效机制构建 [J]. 新校园（上旬），2015（9）：115-116.

区之间的和谐互动，并且可以对互动的效果进行综合评估，形成一种价值认同，使高校在社区管理和服务中取得的成果得到充分宣传，从而拓宽其影响力。①

---

① 孙延斐. 和谐共建：高校与社区的良性互动 [J]. 湖湘论坛，2008（2）：110-112.

第七章

长春光华学院电商服务地区经济社会发展探索

推进地方普通本科高校向应用型转变，是国家的一项重要决策，也是地方普通本科高校自身发展的必由之路。当前，各地均已出台了应用型高校分类管理政策，地方普通本科高校也普遍落实了应用型办学的类型定位，正在由初期的外延式转型向产教融合的内涵式转型全面推进。

长春光华学院是一所位于吉林省长春市的民办普通本科院校。学院下设电影学院、艺术设计学院、现代教育学院等14个院（部），有本科专业44个、专科专业8个，分属经、管、工、文、艺、理、教育7个学科门类。学院创办于2000年，2004年被教育部首批确认为本科层次独立学院，2013年经教育部批准转设为独立设置的民办普通本科院校。近年来，长春光华学院坚持走产教融合协同育人办学道路，采取试点先行、示范引领、分步推进战略，率先推进电子商务专业转型发展，为带动民办高校整体转型探索了一条新路。

第一节 推进传统"商科"教育向"电商"教育转变

一、瞄准"新电商"新业态确定服务方向

明确服务方向是民办高校转型发展的前提条件。近年来,以"新电商"为代表的新业态在吉林省得到蓬勃发展。调研发现,"新电商"重构了传统电商"人""货""场"链路,促进了直播电商、社交电商、社区电商的集成统一,形成了刺激消费、拉动经济增长、增进福祉的新业态新模式。目前,吉林省有成规模直播基地约300家,国家和省级电商示范基地、示范企业134个,电商公共服务中心268个,电商服务站5316个,网络零售额、农村网络零售额、跨境电商交易额连续3年增速超过20%,对高层次电商人才的需求十分旺盛。"十四五"期间,还需要为全省28个国家级"电子商务进农村"综合示范县(市)政府机构、涉农企业、新型农村经济合作组织培育一大批懂经济、懂运营、懂销售、懂电商的本土能人,并对现有工作人员、返乡下乡创业人员开展电子商务培训,电子商务教育前景十分广阔。因此,面向"新电商"新业态推进传统商科教育向电商教育转型,是抢占电商行业发展制高点、为

学校整体转型发展开疆拓土、积蓄实力和经验的需要。

二、通过学科交叉催生电子商务专业

电子商务教育是在传统商科教育基础上通过学科交叉发展起来的，融合了计算机科学、市场营销学、经济学、管理学等多个学科，突出体现了"文理交叉""融入信息技术"等"新文科"建设新理念。而商科是长春光华学院的传统优势学科，具有高起点建设电子商务专业的雄厚基础。2019年7月，学校决定在所属商学院新增电子商务专业，面向"新电商"新业态培养具备电子商务运营、大数据分析及处理、经济管理和技术服务能力的复合型、应用型本科人才。经过一年试运行，学校于2020年7月把电子商务、市场营销两个专业从商学院中剥离出来成立数字经济学院，2021年7月成立管理学院，并划拨工商管理、旅游管理两个本科专业和酒店管理与数字化运营专科专业，以及新组建的商务数据分析与应用专科专业，共同组建电子商务专业群。目前，电子商务专业群建设已成效初现，共建成省级一流专业2个，省级一流课程、省级"金课"、省级优秀课程各1门，省级及市级电子商务研究和人才培养基地9个，成为全省高层次电子商务人才培养的重要基地。

三、跨学科开展跨境电子商务教育

跨境电子商务是近年来兴起的对外贸易新模式，对推动经济一体化、贸易全球化具有重要意义。学校瞄准这一新兴经济领域，联合长春兴隆综合保税区、吉林省电子商务学会、吉林省跨境电商协会、吉浙跨境电商运营中心等发起成立"吉林省跨境电商政行校企战略合作联盟"，共同培养高素质应用型跨境电商专业人才。2021年4月，长春光华学院与吉林省继橙者联盟创业服务有限公司共同建立"中韩跨境电商（阿里巴巴GGS韩国）人才基地"，充分利用长春光华学院韩国语、英语、商务英语、日语、俄语等多语种教育资源和电子商务教育优势，通过校企深度合作实现跨境电商人才的储备和供给，为继橙者阿里巴巴GGS韩国运营中心及其他有关中韩企业培养跨境电商人才。

第二节 推进"校企合作"向"产教融合"转变

一、推进"政行校企"多主体合作

由于企业与高校在性质、体制、功能、结构及价值追求等方面均不相同，校企合作缺乏足够动力。而"产业"则是一些同类属性经济主体的集合，由利益相连、分工不同的各个相关行业企业组成，其经济运行是在行业部门统筹规划与管理协调下展开的。因此，发挥政府的桥梁纽带作用是推进产教融合的关键,长春光华学院与吉林省蛟河市的"地校合作"就是成功的范例。蛟河市是首批国家"电子商务进农村"综合示范县,也是商务部绩效考核优秀示范县。2017 年,长春光华学院与蛟河市政府合作,筹建"蛟河乡村振兴培训基地",为蛟河市举办电子商务师资培训班,充实了蛟河市电商师资库。2021 年 9 月,学校与蛟河市政府签订《校地合作全面培育蛟河市乡村振兴人才协议》,共同建立"乡村振兴产业学院""乡村振兴专家工作站";同年 11 月,又与蛟河市政府共同组建了"长春光华学院蛟河乡村振兴培训基地",共同为蛟河市培养"新农村"建设人才。与蛟河市合作 5 年来,深受当地政府的重视,合作项目先后 3 次被写入蛟河市政府工作报告,"校地合作"取得了显著成效。

二、筹建现代产业学院育人实体

现代产业学院是集人才培养、科学研究、技术创新、企业服务、学生创业于一体的办学实体,也是产教融合协同育人机制建设的重要载体。2020 年 9 月,长春光华学院与"吉林省跨境电商政行校企战略合作联盟"成员单位共同创办"满天欣"跨境电商特色产业学院,共同打造"校行政企"多元协同育人新模式。产业学院实施"2.5+0.5+1"分段对接人才培养模式,即 2.5 年学习理论,0.5 年模拟实训,1 年实操企业真实项目,培养企业需要的应用型电子商务人才。2022 年 5 月,长春光华学院"满天欣"跨境电商特色产业学院被推选为吉林省高校电子商务产业学院协作体牵头单位。"协作体"实施理事会管理体制，汇聚了高校、行业企业、科研院所等机构，旨在促进高校、行业企业对人才供求的无缝衔接，以及高校、行业企业、科研院所对项目转化的精准对接。目前，"协作体"建设得到有关部门的高度关注，已被正式列入吉林省商务厅等17个部门联合印发的《吉林省新电商产业高质量发展实施方案》。

三、创新产教融合协同育人模式

为加速电子商务专业转型发展，学校与合作行业企业开展多轮论证，明确了培养具备电商运营、大数据分析及处理、经济管理和技术服务能力的复合型、应用型本科人才的培养目标，设置了跨境电子商务和商务数据分析两个培养方向，学生毕业后可在商贸、证券、金融、互联网等行业从事网络渠道运营及电子商务平台设计、视觉设计、综合管理等工作。为让学生尽早进入"实战"的创新创业环境，学校于2017年创办大学生"双创"科技园，2018年创办经营性创业园区"英伦小镇"，服务于学生"商户"们的创业和经营活动；培训和资助学生参加全国大学生电子商务"创新、创意及创业"挑战赛、"互联网+"大学生创新创业大赛、"挑战杯"中国大学生创业计划大赛等赛事，并获得了不俗的成绩。大学生"双创"科技园被省教育厅评为"创新创业教育改革研究基地"，被共青团省委认定为首批"吉林青年创业园"和第二批"省级青年创业优秀示范园区"。为拓宽育人途径，学校于2018年5月创办"校—行共建实验班"，邀请京东、淘宝及一些跨境电商企业负责人亲自为学生授课，培养具有互联网思维、掌握电子商务基本技能、熟悉营销策划知识、具备从事电子商务网络平台运营及推广能力的高端应用型人才。2021年10月，联合省内外10余所高校30余名电子商务专业教师，牵头组建"电子商务虚拟教研室"，共同探索新型基层教学组织的建设标准、建设路径、运行模式。2022年5月，创办"淘宝直播定制实验班"，实行小班授课、全程跟踪教学，开创了大学生新媒体营销和电子商务专业人才培养新模式。

第三节 推进服务方式由被动响应向主动融入转变

一、依托新型智库开展科研与资政服务

为推动学校电子商务学科优势与地方政府、企业需求有机结合，长春光华学院于2019年成立数字经济产业研究院，内设电子商务研发与服务中心、乡村振兴产业学院等，面向电子商务、农旅融合、文创品牌建设等行业，积极开展农村电商、跨境电商、文旅电商、文创电商等领域的学术研究与资政服务。目前，研究院挂靠吉林省电子商务学会、吉林省青年电子商务协会、长春市电子商务学会3个学术团体，建成习近平关于青年工作的重要思想理论研究基地、吉林省数字商务人才培养研究基地、吉林省高校创新创业教育改革示范基地、吉林省乡村振兴软科学研究基地、吉林省社会科学重点领域（吉林省电子商务）研究基地、吉林省社科联科普基地和长春市社科联科普基地等一批省市级科研平台。依托这些平台，学校主动介入各级政府有关"新电商"发展规划与政策研制过程，深入企业、农村开展调查研究，撰写和提交了一批高质量资政报告、调研报告。其中关于数字农业、直播电商、在线经济、湖泊生态经济等方面的资政建议、调研报告获得省主要领导批示，或被有关部门、有关市（州）政府采纳应用。研究院科研人员还参与了《吉林省电子商务"十四五"发展规划》和《长春市电子商务"十四五"发展规划》的调研和编制工作，得到了省、市商务部门的高度评价。

二、依托"校地"共建平台服务乡村振兴战略

学校发挥电子商务科研优势，选择通化县、蛟河市等"新电商"业态比较成熟的地区，通过"政行校企"合作打造科研成果转化平台，为乡镇提供品牌规划、包装设计、旅游规划、旅游产品开发、电商规划、园区运营等服务。通化县近年来依托农产品资源优势，以发展农村电商来推动县域经济转

型。长春光华学院与通化县政府合作，在通化聚鑫"双创"产业园共同成立"通化乡村振兴产业服务中心""通化文化创意产业服务中心""长春光华学院乡村振兴产业学院通化分院""长春光华学院文化创意产业学院通化分院"，共同在人才培养、数字农业、科研成果转化、乡村文创产品开发、乡村旅游等方面开展项目合作。蛟河市有着良好的电子商务发展基础。2017年7月，学校与蛟河市青创空间企业管理有限公司开展深度合作，双方签署了校企股权合作协议。2021年9月，学校与蛟河市委组织部共同创办"乡村振兴人才孵化中心"，倾力培养村党组织带头人、专业农民、农村合作社带头人（家庭农场经营者）、农村创新创业带头人、农村电商人才、乡村工匠、农村特色种植养殖能手、农村法律人才、乡村文化旅游体育人才、农村青年党员和后备干部，"平台"的服务功能越来越完善。

三、依托学科专业优势开展电商人才培训

学校电子商务专业群拥有一支业务精湛、实践经验丰富、社会影响力好的"双师双能型"师资队伍。近年来，先后为省内外各地政府、企业培训电商人才2万余人，培训内容包括电子商务、品牌建设、品牌培育、"新农人"培养等。培训对象包括两种：一是扶贫助残培训。2017年7月至8月，学校为长白山管委会池南区、前郭尔罗斯蒙古族自治县举办"新型农民职业培训班"，授课内容包括"互联网+思维""淘宝注册开

店""互联网+乡村旅游""互联网+农家乐""农家乐众筹""农家乐与农产品""互联网+民宿""商品上传，店铺装修""淘宝店铺运营""淘宝营销工具实战""淘宝店铺推广""淘宝站外推广"等。2018年7月，作为吉林省援疆工作的一部分，学校组织相关教师赴新疆昌吉回族自治州吉木萨尔县，为9个村开展了电商培训，课程分为普通班、精英班和站长班，为民族地区培养了一批电商专业人才和农村电商带头人。二是高端电商人才培训。2018年6月，举办"吉林省首期高校电子商务讲师专题培训班"，培训合格者获得了有关部门颁发的结业证书，优秀者获得了电子商务特聘讲师证书；承办了2018年全国第十五期跨境电子商务高级研修班，协助商务部培养跨境电商人才。2022年4月，为推动疫情后复工复产，发起主办"'树信心，向未来'电商专家吉林行"公益直播课程，邀请业内专家授课并通过腾讯会议和腾讯直播同步播出，在业界产生了良好反响。

第四节　推进学科建设由学术吸收向知识溢出转变

一、发起成立系列电子商务学术团体

随着电子商务的兴起，电商学术事业也随之繁荣起来。

2017年11月,长春光华学院联合省内高校、科研机构、政府机关、企业及电子商务机构专家学者,共同发起成立了吉林省电子商务学会,并被推选为首届理事会理事长单位。2018年6月,吉林省电子商务学会与有关地方政府共同组建了"长白山保护开发区池南区历史文化研究学会";同年,发起成立吉林省青年电子商务协会。2019年,联合长春大学、长春师范大学等高校、科研机构和智库企业共同发起成立了长春市电子商务学会,学校再次被推选为理事长单位。电子商务学术团体的组建,为电子商务理论和实际工作者搭建了学术交流的平台,已成为全省电子商务人才聚集的高地、电子商务学术信息集散的中心,2019年还被授予"全国社科联先进组织"称号。

二、推动全省电子商务学术事业繁荣发展

学校依托吉林省电子商务学会等社团,发挥学术平台的桥梁纽带作用,积极开展丰富多彩的学术活动,推动全省电子商务学术繁荣发展。一是举办、承办大型电子商务赛事。从2019年起,连续4届主办"光华杯"吉林省电子商务案例分析大赛。赛事紧密围绕电商平台、互联网金融、电商扶贫等设计竞赛案例,并组织学生到相关企业参观调研,提高学生理论联系实际、独立思考和创新创业能力。这项赛事已被正式列入吉林省教育厅公布的"大学生学科竞赛名单",受到各高校的普遍重视。2019年11月,联合商务部中国国际电子商务中心,共同主办了第四届"中国电商讲师大赛",将学术影响扩散到全国。2022年5月,举办吉林省"光华杯"电商讲师大赛,吸引全省电商企业和高校代表队参赛,竞赛内容涉及农村电商、行业电商、跨境电商、社交电商、电商应用等。二是举办电子商务相关学术论坛。吉林省电子商务学会成立以来每年都要举办学术年会,并连续举办5届"长白山论坛",主办"全国首届应用型电子商务人才培养高峰论坛""品牌振兴吉林,数字振兴东北"等大型学术会议,邀请商务部、教育部、浙江大学、复旦大学等单位的数十位知名专家学者在论坛主讲,拓宽了全省电子商务工作者的学术视野。三是电子商务科研项目规划管理。2018年以来,吉林省电子商务学会推出电子商务课题管理制度,组建专家库,成立学术委员会,制定年度《课题规划指南》引领电子商务研究方向,组织省内高校和相关单位电子商务工作者申报立项。迄今为止,已有200余项课题获得审批,吸引了一批电子商务工作者开展学术研究。

三、开展电子商务应用性课题研究

为推动电子商务研究工作,长春光华学院依托数字经济产业研究院积极开展相关领域的科学研究。近几年来,研究院围绕国家"乡村振兴"战略和"数字吉林"建设两大主题开展课题研究。同时,通过电子商务、农旅融合、文创品牌建设等方面的科研活动,反哺学校人才培养和学科建设发展。

相关研究人员共发表学术论文 200 余篇,完成教育部"协同育人"项目 50 余项,承担省部级课题 40 余项,出版教材著作 20 余部,多项成果获得各级奖励。部分教师受聘担任教育部全国普通高校毕业生就业创业指导委员会委员、教育部高等学校电子商务类专业教学指导委员会数字教育组专家、中国青年创业导师、教育部优秀创新创业导师、商务部中国国际电子商务中心特聘专家、吉林省高等学校物流与电子商务教学指导委员会秘书长、吉林省电子商务学会理事长、长春市电子商务学会理事长等职务,学术地位不断提高。

参考文献

一、中文著作

[1] 费孝通. 乡土中国 生育制度 [M]. 北京：北京大学出版社，2020.

[2] 贺耀敏，丁建石. 职业教育十大热点问题 [M]. 北京：中国人民大学出版社，2015.

[3] 苗泽华，王彦博，闫丽平. 企业社会责任与伦理文化研究 [M]. 北京：企业管理出版社，2020.

[4] 李宝元. 绩效管理：原理·方法·实践 [M]. 北京：机械工业出版社，2009.

[5] 李文利. 从稀缺走向充足：高等教育的需求与供给研究 [M]. 北京：教育科学出版社，2008.

[6] 柳国梁. 服务型区域教育体系的地方高校转型研究 [M]. 北京：高等教育出版社，2014.

[7] 罗必良. 新制度经济学 [M]. 太原：山西经济出版社，2006.

[8] 孙国华.中华法学大辞典·法理学卷［M］.北京：中国检察出版社，1997.

[9] 苑茜，周冰，沈士仓，等.现代劳动关系辞典［M］.北京：中国劳动社会保障出版社，2000.

[10] 张斌贤.外国高等教育名著研读［M］.北京：高等教育出版社，2010.

二、中文译著

[1] 阿皮亚.认同伦理学［M］.张容南，译.南京：译林出版社，2013.

[2] 埃茨科维兹.三螺旋［M］.周春彦，译.北京：东方出版社，2005.

[3] 博克.走出象牙塔：现代大学的社会责任［M］.徐小洲，陈军，译.杭州：浙江教育出版社，2001.

[4] 布朗.超越平衡计分卡［M］.谢军容，等译.北京：中国财政经济出版社，2010.

[5] 德鲁克.非盈利组织的管理［M］.吴振阳，译.北京：机械工业出版社，2007.

[6] 加塞特.大学的使命［M］.徐小洲，陈军，译.杭州：浙江教育出版社，2001.

[7] 经济合作与发展组织.弗拉斯卡蒂手册2015：研究与试验发展数据收集和报告指南［M］.中国科学技术发展战

略研究院，译. 北京：科学技术文献出版社，2018.

[8] 纽曼. 大学的理想 [M]. 徐辉，顾建新，何曙荣，译. 杭州：浙江教育出版社，2001.

[9] 斯劳特，莱斯利. 学术资本主义 [M]. 梁骁，黎丽，译. 北京：北京大学出版社，2008.

[10] 米德. 自我、心灵与社会 [M]. 霍桂恒，译. 北京：华夏出版社，1999.

三、中文期刊

[1] 别敦荣. 普及化高等教育的基本逻辑 [J]. 中国高教研究，2016（3）.

[2] 陈宝文，谭旭，李鑫. 基于 AHP 的高职教育社会服务评价指标体系研究 [J]. 无锡商业职业技术学院学报，2014，14（6）.

[3] 陈凡，吴跃文. 社会服务型大学：高校分类新类别 [J]. 高教探索，2014（1）.

[4] 成素梅，孙林叶. 如何理解基础研究和应用研究 [J]. 自然辩证法通讯，2000（4）.

[5] 邓健康，张辉. 产教融合模式下应用型本科院校构建协同创新平台的实践研究 [J]. 现代农村科技，2021（12）.

[6] 樊长军，康美娟，连宇江，等. 基于 AHP 的高校图书馆公共服务能力评价方法研究 [J]. 统计与信息论坛，

2010, 25 (9).

[7] 高仲飞. 纵向课题与横向课题比较研究 [J]. 经济研究导刊, 2013 (15).

[8] 韩瑞珍, 杨思洛. 区域高校社会服务绩效评价指标体系构建研究: 以湖南省为例 [J]. 重庆大学学报 (社会科学版), 2013, 19 (6).

[9] 何海翔. 地方高校应主动融入区域文化传承创新 [J]. 中国高等教育, 2015 (6).

[10] 何颖. 加强高校新型智库建设 提升社会服务能力 [J]. 学术交流, 2015 (10).

[11] 侯长林, 张新婷. 对教学服务型大学的理性探讨 [J]. 铜仁学院学校, 2015 (3).

[12] 黄兰. 论高校参与社区建设的长效机制构建 [J]. 新校园 (上旬), 2015 (9).

[13] 李波, 王兴华. 基于 PLS 的高校整体社会服务能力研究 [J]. 教育科学, 2016, 32 (3).

[14] 李凡. 高校社会服务职能评价指标体系的构建 [J]. 中国高等教育评估, 2011 (1).

[15] 李娜. "互联网＋" 背景下应用型本科院校社会服务探讨 [J]. 产业与科技论坛, 2020, 19 (8).

[16] 周坚. 在深度融合中以党建引领高校事业高质量发展 [J]. 国家教育行政学院学报, 2021 (10).

[17] 王学民. 以高质量党建引领学校高质量发展 [J]. 荆楚理工学院学报, 2021, 36 (3).

[18] 费明明, 曹银贵, 张寿庭, 等. 新时期高校社会服务能力评价指标的初探 [J]. 中国地质教育, 2024, 33 (1).

[19] 朱建国. 高职院校社会服务质量评价体系构建与实施 [J]. 宁波职业技术学院学报, 2015, 19 (5).

[20] 庄西真. 地方政府教育治理模式改革分析: 嵌入性理论的视角 [J]. 教育发展研究, 2008 (21).

[21] 薛传会. 论高等学校的协同创新战略 [J]. 当代教育科学, 2012 (7).

[22] 马可. 日本科技政策的历史沿革 [J]. 科技信息, 2010 (27).

[23] 李天源. 应用技术型本科高校社会服务模式新探 [J]. 呼伦贝尔学院学报, 2017, 25 (2).

[24] 李晓莉. 平衡计分卡与高校社会服务评价指标体系的构建 [J]. 教育评论, 2014 (7).

[25] 刘理. 谈引领社会的大学职能 [J]. 大学 (学术版), 2010 (5).

[26] 刘庆强, 侯光辉, 田园, 等. 高校社会资本与社会服务参与的互动关系: 一个类型化解释框架 [J]. 高教探索, 2013 (1).

[27] 刘涛, 油永华. 高校社会服务能力评价体系的构建

及应用研究：以山东省高校为例［J］.当代教育科学，2016（17）.

［28］刘文韬，付明萍.地方高校应用型人才培养方案的优化对策［J］.黑河学院学报，2019，10（11）.

［29］刘向东，陈英霞.大学治理结构剖析［J］.中国软科学，2007（7）.

［30］龙净林.评价与发挥高校数字图书馆数字资源服务能力研究［J］.图书馆理论与实践，2016（12）.

［31］莫光政，李忠云.高等学校社会服务实证分析研究［J］.中国农业教育，2001（4）.

［32］潘懋元.从"回归大学的根本"谈起［J］.清华大学教育研究，2015，36（4）.

［33］任宗哲，卜晓军.对地方高校提升哲学社会科学学科社会服务功能的思考［J］.西安电子科技大学学报（社会科学版），2011，21（6）.

［34］盛国军.高校社会服务职能评价体系研究［J］.黑龙江高教研究，2012，30（2）.

［35］帅全锋，王英，张玉杰，等.高等学校社会服务评价体系的思考［J］.黑龙江教育（高教研究与评估），2007（3）.

［36］孙延斐.和谐共建：高校与社区的良性互动［J］.湖湘论坛，2008（2）.

[37] 佟安娜. "大思政"格局下高校"党建+社会服务"协同育人实现路径探究 [J]. 科教导刊, 2021 (23).

[38] 汪娟, 李敏, 刘秋晨. 高校参与社区管理与服务的研究 [J]. 科技经济市场, 2016 (8).

[39] 王文渊, 王玮婷, 李贝晶, 等. 高职院校社会服务能力评价指标体系探讨 [J]. 职业教育研究, 2016 (7).

[40] 王英, 帅全锋. 高校社会服务职能特点及评价探析 [J]. 邯郸学院学报, 2006 (2).

[41] 王志章. 国外人文社科智库开展社会服务的经验与启示 [J]. 社会科学家, 2015 (8).

[42] 吴峰. 论区域高校社会服务能力的培育 [J]. 临沂师范学院学报, 2003 (2).

[43] 吴一鸣. 高职院校社会服务能力的要素解构与评价策略 [J]. 职教论坛, 2016 (13).

[44] 吴重庆. 从熟人社会到"无主体熟人社会" [J]. 读书, 2011 (1).

[45] 向延平. 地方性高校社会服务绩效评价分析: 以吉首大学为例 [J]. 吉首大学学报(自然科学版), 2012, 33 (3).

[46] 薛凯喜, 胡艳香, 杨泽平, 等. 论高等学校社会服务效能评价及研究策略 [J]. 高教学刊, 2016 (4).

[47] 杨冬. 普及化阶段的一流本科教育: 基本特征与实

践路径 [J]. 现代教育管理, 2021 (10).

[48] 杨杰, 李中文. 神经网络在高校科研能力中的评价研究 [J]. 计算机仿真, 2011, 28 (5).

[49] 杨静, 陈赟畅. 协同创新理念下高校新型智库建设研究 [J]. 科技进步与对策, 2015 (7).

[50] 杨志卿. 深化产学研协同创新增强高校社会服务能力 [J]. 赤峰学院学报（自然科学版）, 2015, 31 (16).

[51] 应望江, 李泉英. 高校绩效评价指标体系设计及应用研究 [J]. 国家教育行政学院学报, 2010 (2).

[52] 岳新. 浅议校园文化建设如何能更好地服务当地社会 [J]. 中国校外教育, 2017 (S1).

[53] 张宝友, 黄祖庆. 论高校社会服务评价指标体系 [J]. 黑龙江高教研究, 2009 (8).

[54] 张虎, 刘嘉, 冯叶成, 等. 基于接待出访数据的高校产学研工作研究：以清华大学为例 [J]. 科技进步与对策, 2012, 29 (22).

[55] 张磊, 谢祥, 朱佳鑫. 高校社会服务能力评价问题研究 [J]. 东北大学学报（社会科学版）, 2013, 15 (5).

[56] 张媛, 初智巍, 丁莉娜. 高校应用型人才培养与服务地方经济社会的融合发展路径研究：以社工专业为例 [J]. 黑龙江教育（理论与实践）, 2020 (12).

[57] 赵欢, 翟振东. 高校老年人社会服务拓展的综合评

价［J］.中国电力教育，2013（22）.

［58］祝逸明，喻欣.地方高校参与社区文化建设的有效性［J］.学习月刊，2014（6）.

四、学位论文及电子资源

［1］霍刚.地方高校科技服务能力的评价研究［D］.太原：太原科技大学，2010.

［2］曲林.高校社会服务能力评价决策支持系统的研究与设计［D］.北京：北京交通大学，2012.

［3］王伊梦.普通本科高校社会服务能力评价研究［D］.广州：华南理工大学，2019.

［4］许露.基于项目管理的高职教育社会服务能力评价研究［D］.南京：东南大学，2016.

［5］张春爱.论我国地方高校的社会服务职能［D］.济南：山东师范大学，2008.

［6］周静.基于BSC的高校社会服务绩效评价指标体系构建研究［D］.天津：天津大学，2013.

［7］高校薪资：沿海高于内陆，985高于高职［EB/OL］.人民网，2020-03-26.

［8］吉林省地方本科高校转型发展联盟成立［EB/OL］.人民网，2015-11-11.

［9］教育部关于印发《普通高等学校本科专业目录

(2012年)》《普通高等学校本科专业设置管理规定》等文件的通知 [EB/OL]. 中华人民共和国教育部，2012-09-18.

[10] 教育部 国家发改委 财政部. 关于引导地方普通本科高校向应用型转变的指导意见 [EB/OL]. 中华人民共和国教育部，2015-10-23.

[11] 教育部.2020年全国教育事业发展统计公报 [EB/OL]. 中华人民共和国教育部政府门户网站，2021-08-27.

[12] 关于深入推进教育管办评分离促进政府职能转变的若干意见 [EB/OL]. 中华人民共和国教育部，2015-05-06.

[13] 支持应用型本科高校发展有关工作情况 [EB/OL]. 中华人民共和国教育部，2019-02-22.

[14] 中共中央国务院关于分类推进事业单位改革的指导意见 [EB/OL]. 百度百科，2011-03-23.

五、英文文献

[1] BONOLLO E, MERLI M Z. Performance Reporting in Italian Public Universities: Activities in Support of Research, Teaching and the "Third Mission" [M] //BORGONOVI E, ANESSI-PESSINA E, BIANCHI C. Outcome-Based Performance Management in the Public Sector. System Dynamics for Performance Management, Vol. 2. Switzerland: Springer, 2018.

[2] Ć ULUM B, TURK M, LEDIĆ J. Academics and

Community Engagement: Comparative Perspective from Three European Countries [M]//FUMASOLI T, GOASTELLC G, KEHM B. Academic Work and Profession in International Comperative, vol. 12, Switzerland: Springer Cham, 2015.

[3] ABBOTT M, DOVCOVLIAGOS C. The Efficiency of Australian Universities: A Data Envelopment Analysis [J]. Economics of Education Review, 2003, 22 (1).

[4] BERNARDO M A C, BUTCHER J, HOWARD P. An international comparison of community engagement in higher education [J]. International Journal of Educational Development, 2012, 32 (1).

[5] DEJAGER J, GBADAMOSI G. Specific remedy for specific problem: measuring service quality in South African higher education [J]. Higher Education, 2010, 60.

[6] HAM C L, JOHNSON W, WEINSTEIN A, et al. Gaining Competitive Advantages: Analyzing the Gap between Expectations and Perceptions of Service Quality [J]. International Journal of Value-Based Management, 2003, 16.

[7] MEDINA-BORJA A, TRIANTIS K. Modeling social services performance: a four-stage DEA approach to evaluate fundraising efficiency, capacity building, service quality, and effectiveness in the nonprofit sector [J]. Annals of Operations Research, 2014,

221.

[8] MENON M E. Productivity as an indication of quality in higher education: the views of employed graduates in Greece [J]. Quality in Higher Education, 2016 (3).

[9] SHERRADEN M S, SHERRADEN M. Social service by university students in Mexico: Thoughts for the United States [J]. Children and Youth Services Review, 1991 (3).

[10] WINTER A, WISEMAN J, MUIRHEAD B, et al. University-community engagement in Australia: Practice, policy and public good [J]. Education, Citizenship and Social Justice, 2006, 1 (3).